彩

吉

林

查干明珠 淖尔清清

《查干明珠 淖尔清清》编创组 编

吉林美术出版社｜全国百佳图书出版单位

总 策 划　曹路宝

总 监 制　于　强

运　　营　华　鹏

主　　编　邓　哲

统　　筹　王丹平

执行主编

邓　哲

主创团队

赵　旭　金　石　刘　璐　王　巍　邓　哲　张馨予

惠小玲　宋凤红　王竟晗

制作团队

韩冬鹏　陈　洋　执　白　徐　铭

撰　稿

于德北　孙正连　于子寒　高宏宇　张　伟　王竟晗

墨　笛　惠小玲　杨晓华　华树龙　胡　燕

指　导
中共吉林省委宣传部
中共松原市委宣传部

摄　影

张桂芝　　王玉梅　　刘长乐　　刘跃红　　罗井波　　徐　霆
马丽军　　辛艳玲　　田立勋　　张忠玉　　张晓彦　　李玉平
庄　严　　刘玉忱　　姜喜宝　　白　石

校　对

冷　梅　朱　军　武志宏　吕　影　邓晓溪

（排名不分先后）

霞落

一片一片的紫云如霞落，
契丹岛的绚烂里多了一种支持。
江风掠过，听得见阵阵风铃声响，
闭上眼睛，心里就织成那条蝴蝶翩飞的地毯。

香干阗
45°09′N 124°03

冰裂

是冰裂，是渔阵又一次从湖底翔过，
阳光在渔叉的尖顶布下银色旋涡。
一声号子，惊动了天地间更有趣的规则和定义，
旷野里，下湖的汉子们把节令的骨骼踩得咔咔直响。

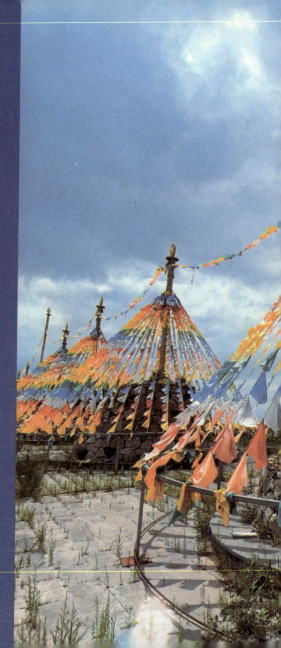

敖包

这里有幸福和欢乐，亦有缠斗与孤独，敖包的影子铺金撒银，留下这情感明朗的区界。爱人，爱生活，爱世界，你就留下来喝酒、吃肉吧！不然就骑上马，去做你一世溜溜的流浪的人。

星空

仰头，把脊背绷直，然后才可见此景，
眼睛里闪烁的是桃花、果子和水样的律动。
星空不守小尘世，只守光与影的和谐，
就算你心里的梯子架上屋顶，也抵不到它们的身边啊！

前言

查干湖从辽金时代的大水泊、鱼儿泺一路走来，在帝王的"春捺钵"头鱼宴中名载史册。辽代称浑河，金代称鹤五河，元代称哈老哥鲁河，清代称合河，1960年称查干泡，1984年称查干湖。历史的轮回，偶然中蕴含着必然；时代的波涛，必然会推动前浪。一泓圣水将鱼儿泺再现松嫩平原。

曾经的查干湖并不是湖，而是霍林河的河道，就如扬州的瘦西湖并不是湖，而是大运河的河道一样。八年的"引松"，引来了长白山的江水，拦住了大兴安岭的河水，这里成了国内七大淡水湖之一，创造了新的吉尼斯单网捕鱼的纪录。

浩瀚的湖水，养育了水中的鱼、湿地的鸟、原野上的生灵、山林间的百草。走近查干湖，你便走近了原生态的野生鱼群，原

生态的百鸟乐园，原生态的山野走兽，原生态的荻花水蒿。

查干湖的人文历史，自《辽史》便有据可查。湖东岸的塔虎城，湖西岸的地字春捺钵遗址、藏字春捺钵遗址都有国家碑刻为证。真正把查干湖人文历史推向更加久远的，是湖北岸的青山头查干淖尔人，一万三千年前的人类化石在诉说着过往。

青山还在，当年挖掘的现场已长满了青草，只有山腰上的石碑，青石红字立在那儿，向过往的行人讲述曾经的历史。从青山上走下来，辽、金、元、明、清、民国，查干湖的人文历史更加绚丽多彩。湖东岸库里村的清孝庄祖陵，高大的满蒙文碑，讲述着那过往的岁月；全国唯一的成吉思汗召、王爷府旅游景区，向人们展示蒙古族自治县的历史和文化；藏传佛教寺院妙因寺，展示的不仅仅是宗教，更有建筑的艺术。

沿查干湖而建的几十个村落里，古代遗址俯拾即是。从湖东转向湖南、湖西、湖北，有羊营子遗址、三不管遗址、七家子遗址、偏脸子古城、穆家遗址、古城遗址、半拉山遗址、列字井西南岗遗址、成字井古墓群、辰字井屯南岗遗址、为字井古城遗址、为查古渠道、三王堆、腾字区春捺钵遗址等，这只是我所知道的那些。单单这些，也足够人们费力探寻一番了。

来到查干湖，或自然，或人文，总要有个重点。对于一个想全方位了解查干湖的人来说，必须得抚平浮躁的心，定好旅游攻略，选在周四、周五住下来，晚上去码头或是湖边的栈道上，听安静下来的大湖，看三日映湖，感受渔歌唱晚，在天边出现火烧云的时候走进炊烟袅袅的渔村。在老把头路、网房子路、包铁匠路上走走，感受一下渔村的生活气息。周六，走进成吉思汗召、妙因寺、王爷府，了解一下最直观的人文历史脉络。站在鸿鹄楼上，

鸟瞰渔村、大湖、天际线上的那一抹碧绿，体会一下古人何以有"先天下之忧而忧"的情怀，栏杆拍尽的壮怀激烈。然后走进游船码头，乘一艘快艇，追浪前行，感受一下那"中流击水，浪遏飞舟"的豪气。假如能到西岸、北岸的湿地，看一下万鸟盘旋、白鹭成行的鸟类王国，将有助于精神世界达到一个新的高度。周日，爬上青山头，凭吊一万年前的古人，然后驱车感受春捺钵的几处遗址，看几处古城久远的历史，最后参观塔虎城还有那城下的大箔口，那是人类渔猎文明留下的唯一一块活化石——库里泡大箔口。这对生活在城市水泥森林里的人们来说，是一次精神的回归，回归到祖先生活的大自然，回归到生命本来的属性之中。

查干湖会让您魂牵梦萦一生。

壹

春·捺钵

捺钵，契丹语，意为君主的行宫。有关查干湖春捺钵的文字记载最早可以追溯到辽代。千年前辽帝春捺钵的风姿只留存在史书里，而今春捺钵的号角仍响彻查干湖畔，在捺钵广场，在春捺钵遗址群，在腾格里十三敖包，在每一个来过查干湖畔游客的心里。

P1

贰

夏·赏荷

灿烂的阳光下，查干湖像是闪闪发光的梦，梦里有波光粼粼的湖水，有随风摇曳的芦苇，有清脆悦耳的鸟鸣，有三日映湖的奇景，还有那一池池怒放的荷花。盛夏，是赏荷的好时节，查干湖浮光掠影，等你共赴一场绚烂的花事。

P23

叁

秋·观鸟

九月以后，秋意渐浓，查干湖迎来了观鸟的好时节。随着查干湖生态环境越来越好，查干湖成为候鸟们的"五星级驿站"，越来越多的鸟儿选择在这里繁衍、休憩。查干湖秋日观鸟的魅力在于观鸟过程充满不确定性，因为你不知道会见到哪些鸟儿，也不知道会遇到什么样的故事。鸟儿们的故事，是查干湖给予每一个奔赴它的人的浪漫心事。

P53

肆

冬·渔猎

查干湖冬捕始于辽金时期，至今已传承千年。如今，查干湖仍保留着延续千年的冬捕习俗，凿冰窟窿、马拉绞盘、冰下走网……古老的渔猎文化鲜活地呈现在现代人的面前。查干湖的渔猎文化穿越千年的时光，依然在这片土地上回响。

P75

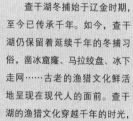

光影

光影斑驳，流年绰绰，查干湖如同一位多情的画家，描绘出一幅幅动人的画卷。在这幅光影流年的画卷中，不仅有圣湖苏醒、碧草复绿的生命序曲，荷花怒放、水佩风裳的悠然胜景，芦花扑面、雁阵南飞的灵动肆意，马拉绞盘、冰湖腾鱼的丰收喜悦，还有多民族的别样风情，更有繁荣昌盛、国泰民安。

 # 漫游

吃一吃最具查干湖风味的鲜美的全鱼宴，尝一尝地道的蒙古族餐食；在一个阳光灿烂的午后窝在北栖小院里做个闲人，或在西索恩图村安静的院落里坐看满天繁星……离开时，再带些胖头鱼、特色农产品、鼎润出品的"非遗"伴手礼送给亲朋好友。漫游查干湖，定会让你不虚此行，满载而归。

 # 玩转松原

畅游完查干湖，得去松原的其他地方看一看。在龙华寺中听晨钟暮鼓、风铃声动，在哈拉毛都王爷府轻轻叩响悠长的岁月，去森林秘境打个卡，再去街头巷尾感受松原城的烟火气，还要策马艾里草原，任风与自由在耳畔流转……松原，一座让人一眼倾情的城市，一座让人常去常新的城市，一座值得被所有人认识与铭记的城市。

查干湖景区北门游客中心

鸟类科普园

契丹岛百花园

野鸭湾

戏水区

捺钵广场

郭尔罗斯王府陈列馆

查干高娃广场

这里是查干湖

　　这里春有嘹亮的捺钵之声唤醒一湖碧水，夏有一池池怒放的荷花邀你共赴一场绚烂的花事，秋有鸥鸟翔集的浪漫诗情，冬有原始渔猎文化的千年传承。四季光影流转，岁月静好如初。这里是查干湖，一个让人魂牵梦萦的地方。

千年前辽帝"春捺钵"的风姿只留存于史书的字里行间，而今"春捺钵"的号角仍响彻查干湖畔，在捺钵广场，在春捺钵遗址群，在腾格里十三敖包，在每一个来过查干湖畔的游客的心里。

春

捺钵

醒来的不只是一湖水

也许是因为今年北方的春天来得迟了一些，查干湖醒来的时候才表现得这般强烈。

开湖了——开湖了！查干湖解冻的无数冰块，在湖风的鼓动下，拥抱着、亲吻着，发出有节奏的声音；大小不一的冰块在湖风的鼓动下涌动着、奔跑着，像是撞开了栅栏的小马驹，发出欢乐的、长长的咆哮。

开湖了——开湖了！湖底的鱼儿，借着冰块的空隙把嘴巴探出湖面，"吸吮"着久违的、新鲜的空气；天空的鸟儿，盘旋、试探地在晶莹剔透的冰块之间跳跃着、欢叫着，时而窥探湖底，时而跃上天空。

查干湖的开湖，似乎在每年四月的中旬悄然开始。随着春风的轻拂，三月与四月间，湖面上的冰层渐渐融化，这一自然奇观被当地人称为"开湖"。

在民间，流传着"文开"和"武开"的说法。"文开湖"，如春日的细雨，伴随着温暖的气息，湖水在无声无息中悄然变薄，碎裂，融化。前一天的冰封世界，转瞬间变成了连天的碧波，恰似一幅轻柔的画卷，悄然展开。而"武开湖"则是另一番壮丽的景象。随着气温的迅速上升，狂风在夜间肆虐，封冻的湖面温度骤然攀升。当冰层的温度终于达到了四摄氏度，那一刻，厚重的冰盖如同炸裂般发出巨响。湖水轰然涌动，怒吼的湖风与冰块的碰撞声交织成浩荡的乐章，仿佛闷雷在空中低吼，石破天惊，万马奔腾。

在湖风的推动下，坚冰互相撞击着，挤压着，忽而向岸边涌来，忽而又漂向湖心。它们忽然拔地而起，又轰然倒塌；忽而快速迸发，忽而岿然不动。这一场景，宛如一场自然的盛宴，令人叹为观止。

这几年，每到查干湖开湖的时候，当地的人们都要举行盛大的开湖仪式，庆祝湖水的苏醒，召唤候鸟的回归，欢迎远近的游客。

TIPS

查干湖开湖是难得一见的胜景奇观，查干湖开湖犹如一曲查干湖交响曲的前奏，随着万物的生机勃发，百鸟翔集、冰湖腾鱼，这部由春捺钵、夏赏荷、秋观鸟、冬渔猎组成的四部曲从舒缓逐渐走向了高潮。

看到的是风景，读到的是沧桑

近处无风景，远方有诗歌。在我无力涉足远方，又对近处的风景兴致不佳时，朋友跟我说，走，去看看春捺钵遗址群。

春捺钵，听说过，没有过多地研究，没想到离我还这么近。想来，我的祖辈一直都在皇帝行营附近居住，不禁有些感慨和自豪。这里绝不是亘古的蛮荒之地。于是，我决定和朋友一同去看个究竟。

查干湖西岸，在乾安县境内的黄字井西大约一千米处，我们找到了一块由乾安县人民政府 2009 年 12 月 25 日立的春捺钵遗址群标识。朋友说，这一带就是春捺钵遗址群。我们往草原深处走去，在朋友的指点下，我发现了大大小小的土包台。这些土包台一般长 10～50 米、宽 10～20 米、高 1～3 米。朋友介绍说，

这一带大约分布着九百余座土包台。土包台东西绵延 3 公里，总面积大约 4.7 平方公里。

踏过没膝的荒草，我一边走，一边听朋友介绍。我拨开淹没了"春捺钵"的荒草，把思绪拉到千年前的台地，把目光延伸至深厚的泥土。我想象着，在泥土下深埋的每一个陶瓷瓦片背后的故事。我似乎看见了辽圣宗耶律隆绪的马队，旌旗招展，一路赶来，夯土为基，支帐为营；我似乎看见在温暖的阳光下，鸭子泺（查干湖）西岸，晨曦微露，海东青在空中盘旋，捕猎的号角声响起。此时，耶律隆绪如同威严的指挥者，身着华丽的时服，目光中透着智慧与决断。鹰击长空，鹅雁被猎，凿冰捕鱼，欢声一片。

一千年，漫长路，走时很艰难，回首一望，只是一瞬间。查干湖，我们眼前的查干湖不也经历了许多吗？鸭子泺、大水泊、查干泡、旱河、查干淖尔、查干湖……演绎了多少故事。今人没有见过古代的鸭子泺的模样，古人又怎能想象出查干湖今天的变化。

脚下的春捺钵绝不仅仅是一处风景，它留给我们更多的是历史沧桑和人文思考。在查干湖的加持下，"春捺钵"越发鲜活、明亮。

TIPS

　　春捺钵遗址群，位于查干湖西南岸。在遗址群中发现了上千个"土台"，土台下有大量的古钱币和陶片、瓷片等物品，均为辽代、北宋年间制造。

捺钵广场，春捺钵的大营

初识捺钵广场，是因查干湖冰雪渔猎文化旅游节主会场在这里。进入捺钵广场，人们便会惊诧地发现，这里是一块吉祥宝地。捺钵广场背靠中国最美渔村，面对大湖，左手边是出土查干淖尔人化石的青山头，右手边是渔人码头。虽是冰天雪地的三九天，但这里渔家大院一张张红苹果似的笑脸让你温暖。

春风拂面的日子里，我再次来到了捺钵广场，感受这里渔村的人文气息，寻找那影视中的真实。了解渔村，最好是放弃现代的交通工具，安步当车，因为每一个民居都写满了历史，都打上了时代的烙印，都在讲述着岁月的故事。沿捺钵广场西北角的捺钵路转向圣宗大街，再向右转入道宗大街，前行几十米，就来到了中国非物质文化遗产查干湖渔猎文化第十九代传承人石宝柱老把头的故居。三间砖瓦房，曾吸引了全国人民的目光；《舌尖上的中国》，调动着全国人民的味蕾。在渔村，还有魏把头、董把头、黄把头、张把头、徐把头等十几位把头，他们传承着渔村把头文化，续写着渔猎文化的辉煌。

走在"渔场村"的街路上，空气中都是浓浓的鱼香。一家挨一家的鱼馆，将查干湖胖头鱼炖出了年的味道。品味，家家都有独特的技艺；选择，走进哪家鱼馆都是缘分。

最后还要说上一句，捺钵，源自辽代帝王的四时捺钵制，这里就是春捺钵的大营。

6

TIPS

捺钵广场是从南
湖进入渔场村、野鸭
湾、花海的必经之地，
是渔场村的美食街，
也是垂钓的理想之地。

圣湖月圆等你来

　　生命的过程就好比一次旅行，没有路标很容易迷失方向；活着就是一种修行，没有信仰往往会感到孤独。在人生的旅途中，我去过一个被当地人称为圣湖——查干湖的地方，被那里的一湖碧波所吸引，心灵又被湖岸青山头山顶上的十三敖包所净化。

　　我沿着行人踩出来的山道，很快就到了被叫作青山头的山顶，在山顶的一块平整处，我看到了用石块堆砌的十三个敖包。十三个敖包中间的那个较大。大敖包两侧各有六个相对小一点的敖包。我仰望敖包上用丝线串联起来的蓝、白、红、绿、黄五色经幡，经幡在湖风的吹动下，呼啦啦作响。我随着前来朝拜的人们围绕敖包转圈，他们的口中念念有词，我在心中默默祈福——祈祷家乡风调雨顺、

水美鱼丰、五谷丰登。

　　站在这里，向下俯视，不远处就是查干湖。查干湖水在太阳的照射下，熠熠生辉。微风吹来，波光潋滟，这不就是文人墨客眼中的湖光山色吗？此时我想：如果你是湖水，我愿做湖面的风，在你沉默的时候，我就轻轻地、轻轻地抚过你的肌肤，让你也这样快乐地荡漾；如果你是微波，我就是阳光，在你荡漾的时候，暖暖地，暖暖地，为你镀上一层金色的光。

　　今夜，月正圆，湖光美，我在查干湖的十三敖包等你！

　　十三敖包位于查干湖冰雪大世界东南700米的地方。祭祀十三敖包是当地蒙古族民众的一个重要的传统宗教活动场所。敖包，蒙古语意为"堆子"，通常是由石头堆砌而成的小丘，被蒙古族民众视为神圣之地，用以崇拜自然、祈求丰收和平安。无论你是想了解蒙古族文化，还是想净化自己的心灵，十三敖包都是一个不容错过的景点。

TIPS

从希望广场往北16公里便可到达渔场村，那里是中国最美的渔村。那里有渔人码头、花海、野鸭湾、生态研究中心和渔村美食街可供游人游览、体验。

许个愿，再种下一个
关于冬捕的希望

从景区东门进来，沿查干湖大路转入青山大街，我停驻的第一站就是希望广场。

"知者乐水，仁者乐山。"此时我最急切地想做的是跃上彩色的浮桶平台，西望大湖。大湖浩瀚无边，水天一色，人随波涌，涌随心动。从这里望去，我真切地感受到了大湖的心跳。从广场往东北方向有一条路，这就是八年的"引松工程"修成的大坝。一条大坝，改变了霍林河的归属，使其由松花江支流转为嫩江支流，也将查干泡变成了查干湖。

两万平方米的广场，恰到好处地点缀着心形花坛、希望之星雕塑、风雨长廊、八角亭、音乐喷泉、三条鲤鱼、鱼形小品等一系列装饰，将广场的寓意展示给游人，供人们打卡留念。

沿大坝走上几步，会让所有人为之一喜，这儿是鸟儿的乐园。这里最多的，是坝东湿地中的白鹭。"一行白鹭上青天"，那是诗，在这里，老人们称之为"长脖老等"。假如不是有人打扰，没谁能靠得过它们。在湿地上，它们会一直站下去，等到鱼儿游到它俯首可见的地方，它才会低头张嘴。否则，它决不会上前一步的。在这里要是细看，还能看到苍鹭、草鹭、池鹭、琵鹭。在坝西北，有一片鱼苗池，它们是查干湖年年有鱼的保证。假如春秋两季你来到这里，或许能赶上向大湖放鱼苗的场面。在这些鱼苗池的上方，有的已拉上大网，那绝不是拦鱼苗用的，而是防止鸬鹚偷吃。近三五年，鸬鹚突然来到了这里，开始的时候只有三五只，第二年就有了几十只，到如今已达几百上千只。小小的鱼苗池，它们一个起落，三五百斤鱼苗就没了。尽管如此，却也是希望广场的一景。

北归，芦苇丛中降生了几只小小鸟

新庙泡，又称查干湖南湖，近年被叫作"妙因湖"，因岸边的妙因寺而得名。

农历的早春三月，正是燕雀啄春泥的时节，成群的白琵鹭迁徙回它们的诞生地——新庙泡的芦苇蒲棒草湿地。鸟巢是多年使用，巢直径有四五十厘米，巢只用蒲草叶子和细树枝搭成。在高倍望远镜中，雄白琵鹭显然要比雌的大上四五厘米，因而我们称雄的为大白，雌的为小白。

白琵鹭的巢与觅食地相距很远，巢在一米多深的湖水上，觅食则在二十厘米左右的浅水中。它们觅食的时候，脚在一直不停地往前走，身子保持平衡，嘴张

开插在水里左右摆动着前行。它们只在捕到食物时才会停下来，否则便会不停地往前走。春季里，大白和小白一起出来觅食，一起回巢，比翼双飞。

到农历四月，小白开始产卵了，两三天产一枚，白琵鹭蛋和鸭蛋大小差不多，白皮。十天左右，共产了三枚。接下来是孵卵，大白和小白轮换着孵卵、觅食。这时的觅食，两点一线，不像之前可以到处游玩一下。在这个时候，白琵鹭是最怕有人去打扰的，因为如果惊吓起飞，会打破卵的。我们只能在望远镜中观察它们。

从产最后一枚卵到孵出雏鸟，要二十四天，上下相差不出一两天。脱掉蛋壳的雏鸟还不能站立，有些软软的，我们去看望它们的时候，它们听到声音便朝我们张开了小嘴。这时已是农历五月，春天马上要结束了。

TIPS

在没有专业人员带领的情况下，是绝对不可以去鸟巢的。特别是农历五月前后，对鸟的惊吓会造成雏鸟的意外死亡。

查干湖 "涅槃" 记

　　如今来到前郭尔罗斯蒙古族自治县查干湖畔的人，很难想象半个世纪前这里曾几近干涸、鱼苇绝迹。20世纪60年代，因为主要水源霍林河的断流和连年干旱，查干湖水域面积逐年减小，到最后几近干涸。"像个锅底，底部全是碱面子。"当时的人这样形容查干湖。没有水的日子，前郭县人只能和盐碱地较劲。人们急切地渴望有水，这时一个引水工程的构想也在悄然酝酿。

　　1976年，一项靠人肩挑背扛的挖渠引水工程开始了，这一动工就是8年。那时候财力、物力都不足，机械设备几乎没有，只能靠人力。"引松工程"的第一阶段，前郭县全县90%以上的农村劳动力、80%以上的城镇机关和企事业单位干部与职工，乃至全县的大部分教师和高年级学生都分期分批赶赴工地。他们靠着原始的施工方法，剖开川头山，挑走黏泥土，战胜了流沙与泉眼，挖了1226万立方米的土方。

人们的努力在 1984 年 8 月 23 日这一天得到回报，沿引松渠流入的水让查干湖涅槃重生，也彻底改变了这一方水土的自然情况和生态环境，最终使鱼苇绝迹的查干湖年年有鱼。在这片曾经迎接过辽帝春捺钵、康熙帝东巡的水域上，渔把头与渔民们重新开始打捞未知的水下世界。

　　涅槃之后的查干湖极具四时风物之美，"春捺钵、夏赏荷、秋观鸟、冬渔猎"，四时之景不同，趣无穷，乐亦无穷。

TIPS

　　引松工程纪念碑位于吉林省松原市前郭尔罗斯蒙古族自治县查干湖畔，高 21 米，碑身上刻着"1976.9.5—1984.8.23"，记录下引松工程前后历时约 8 年的不朽功业。在施工过程中，领导干部和群众艰苦奋斗，手抬肩挑，挖通了长达 53.85 千米、底宽 50 米的人工运河——引松渠，使松花江水源源不断地流入几近干涸的查干湖，流进前郭县灌区的广袤田野里。

春江水暖鸭先知

　　查干湖，以其浩渺的水域和丰富的生态，孕育了一个独特的湿地公园——野鸭湾。这里，是自然与生命的交响，是绿色和和谐的乐章。

　　步入野鸭湾湿地公园，首先映入眼帘的是那片广阔的湖面，它像一面镜子，映照着天空的蔚蓝和云朵的洁白。微风拂过，湖面泛起层层波纹，仿佛是大自然的琴弦在轻轻拨动，奏出涟漪与波浪。

　　湖边的芦苇丛中，隐藏着无数生命的秘密。野鸭们在这里嬉戏、觅食，它们或成群结队，或独自游走，自由自在，无拘无束。这些野鸭，是湿地公园的主人，它们像文章中的逗点，更像乐曲中的音符，在演唱着一曲水上之歌。

湿地公园内，各种植物竞相生长，它们或高或低，或密或疏，为这片湿地披上了一袭绿色的外衣。这些植物，不仅美化了环境，而且为湿地生态系统提供了宝贵的生态服务，为水生生物提供了栖息地和食物来源，是湿地公园中不可或缺的一部分。

　　除了野鸭和植物，湿地公园内还生活着许多其他生物。它们或在空中飞翔，或在水里游走，或在草丛中穿梭。它们的存在，使得这片湿地更加生机勃勃，充满活力。

　　野鸭湾湿地公园，是查干湖畔的一颗绿色明珠。它以独特的自然风光和丰富的生态资源吸引着无数游客前来观赏、游玩。人们在这里可以感受到大自然的神奇与魅力，可以体验到与自然亲密接触的舒畅。

　　湿地野花开几枝？"春江水暖鸭先知。"

今夜，醉也不归

在东北，如果说还有一顿烧烤解决不了的事，那么就交给一场篝火晚会吧，有肉有酒有烟花的那种。当热烈的篝火燃起来，劲爆的音乐响起来，热情的人们跳起来，任你有再多烦恼，也早抛到九霄云外去了。

每当查干湖的夜幕降临，繁星垂落四野，白色的蒙古包就开始微笑着酝酿一场"阴谋"、酝酿一炉足可以唤醒你全部味蕾的烤串，酝酿一桌鲜得独具特色的全鱼宴，酝酿一坛又烈又浓的关东美酒，酝酿一场别具特色的湖畔篝火晚会。

湖畔的篝火燃起来，噼噼啪啪地映红人们的笑脸，恣意跳着，在星空下舞蹈。一声呼啸，璀璨的烟花炸响在夜空，呼啸连发，大小花朵争相在深色的星幕上绽放。天上的舞蹈尚未落幕，人间的演出已经开场，悠扬辽远的马头琴，深情搅动湖水的涟漪，用音乐拉近了心与心的距离，与此同时，高亢的歌声惊醒了沉静的夜。穿着民族服饰的舞者围着篝火舒展着腰肢，每一个动作都优美动人。撸一串烤串，焦香入口，抿一口烧酒，热辣燃心。于是你醉了，兴奋的头脑随着音乐晃动，激动的双脚踏着节拍舞蹈。湖边的人们都醉了，年轻的，年老的，熟悉的，陌生的，都拉起手来，踢踏、晃动、摇摆，动作未必标准，情绪一定是饱满的。民族舞演员退场，音乐节奏加快，音响声调渐强，拉手舞变成迪斯科，人们欢呼、呐喊、甩头，尽情摇摆，现场气氛达到高潮。

　　累了吗？也许吧。倦了吗？怎么会？篝火晚会从来都是燃烧的动力，让人们在忘我的狂欢中扫尽一切消极怠惰。

　　夜色阑珊，今夜你也不必归家，查干湖畔有的是露营之所。原始的，浪漫的，或者随你心意自备所需的。星空下露宿，梦也是香甜的。

TIPS

　　如果说冬捕是查干湖上冬日的视觉盛宴，那么篝火晚会则是查干湖畔夏日的狂欢。你可以品着大鱼，就着老酒，且歌、且舞、且浪漫，星光与湖水相接处的篝火，定能燃爆你夏季的所有想象。

春花冬片鱼满仓

春风中，查干湖的湖蓝映着天蓝，放眼望去，一碧如洗。

伴着春风，增殖放流的水槽排放在希望广场路西的水岸，这是查干湖年年有鱼、年年有余的根基和保证，更是查干湖可持续捕捞的战略保障。

一桶桶春花，承载着查干湖人的希望涌进湖水，一车车冬片，带着查干湖人的心血跳入湖中。大水面增殖放流，查干湖是全国渔业的一面旗帜。查干湖四百多平方千米的水域，生活着四十多种弱碱性鱼类，每年可向社会提供五百万斤的鱼虾，丰富着百姓的生活。

春花，也称春片、寸片，长三厘米左右，有着一对黑黑的眼睛，尾翼透明，像水中的精灵，自由的天使。鱼入大湖，鸟进丛林，大自然给了它们更加广阔的遨游空间，更加丰富的天然饵料，更加美好的未来。

冬片，夏花的延续，它们在鱼苗池里过了一个冬天，长到了十几厘米，比起那些春花来，显然够得上大鱼了。如今，它们将游向更大的空间，翻起更大的浪花。通过水槽的那一刻，它们的鱼鳞闪着银光，它们相互拥挤着，一路跳跃着奔向大湖。

几个小时的增殖放流，两千万尾鱼苗游进了大湖，就如在土里放入了种子。三年、五年、十年，它们在大湖里生存，繁衍。鱼过千层，网网都有鱼。那些躲过一层层大网的精灵，最终成为了查干湖的鱼王，如今的大湖，约有几千万斤的库存，而它们的寿命大多为六至十年。人工增殖放流只能是天然繁殖的补充，有了这些补充，就确保了明水网和冬捕大网的产量。

当最后一桶鱼苗流入大湖，每一位参与者都会闻到手上、身上的鱼腥味，那是成就感的外在表现，也是对查干湖最实际的祝福。

查干湖的增殖放流每年春秋两季都有，主要增殖放流的品种是青鱼、草鱼、鲢鱼、鳙鱼，被称为"四大家鱼"，查干湖近年来还引进了银鱼等。

盛夏，是赏荷的好时节，查
干湖浮光掠影，等你共赴一场绚
烂的花事。

夏

赏荷

且把浮名卖了，换这十里荷香

　　浪迹世间久矣，怎不知浮名浮利，虚苦劳神？也梦想陶然间，乐尽天真。那么，且把浮名卖了，换这十里荷香，可好？

　　这里是查干湖，多少人梦寐以求的一方圣水，这里没有三秋桂子，却真真切切地拥有十里荷花。

日日湖边过，看尽了天光云影，看尽了万千景物，你似乎从没注意过那些荷叶。可是，在六月的某一天，你忽然眼前一亮，那满湖的浅碧啊，仿佛就是在一夜之间长满的。荷叶已经有陶盘那么大了，风过处，悠悠地，贴着水面荡过去，一时间，绿波与清波相接，漾得你心都醉了。

　　荷叶齐人腰了，过人头了，硕大的花苞绽出一痕娇羞了，一朵粉红舒展了……

　　就像谁无意间划着了一根火柴，瞬间点燃漫山的花火。于是，一湖的荷花，以你看不见甚至想不到的速度，争相吐蕊，把积蓄了三个季节的娇艳，洒脱地释放出来了。荷花从不骄矜，更不屑做作，每一朵都尽其所能地着色，尽其所能地叠香，尽其所能地展叶。荷叶大如盖，荷花艳若霞，可是纹路依旧清晰，迎着光呢，照着水呢，身与心都不打折，她们容不得任何尘垢沾染，哪怕是最清澈洁净的湖水，水滴落在上面，也会被迅速聚拢，颔首，微笑着送归湖面。

整个湖面都是荷花的领地了，她们生气勃勃地与芦苇荡相接，那红色的木栈道、高耸的凉亭、尖顶的草亭、散发着松香的木屋，都成了点缀，与偶尔洒落湖面的三两声黑天鹅的叫声一道，得了逞似的，耸耸肩，各自寻找相安的去处了。你撑一只竹筏，让清歌荡开左拥右抱的荷花与莲蓬，硬生生地分出一条路来，岂止"芙蓉向脸两边开"？或者你索性顺了木楫，抱肩仰卧，放舟湖上，在满池荷香中，与流云对视，悠然忘记了岁月，这时节，怎一个惬意了得？

哦……几时方能归去，做个闲人，对一张琴、一壶酒、一池荷呢？

TIPS

每到夏季，查干湖景区十里荷花争相绽放。成片的荷叶层层叠叠、高低错落、迎风摇曳，荷花有的含苞待放，有的花开正艳，风姿万千、美不胜收。此时，坐在微风习习的画舫里，观赏着风荷美景，空气中弥漫着荷花的阵阵清香，体验"人在画中游"的意境，别有一番滋味。

27

您有一条关于赏荷胜地的留言，请注意查收

　　灿烂的阳光下，查干湖像是闪闪发光的梦，梦里有波光粼粼的湖水，有随风摇曳的芦苇，有清脆悦耳的鸟鸣，有或垂钓或静思的人，还有那一池怒放的荷花。此时，阳光正好，微风不燥，满眼都是一望无际的碧绿的叶与粉嫩的荷花，一切全是和煦静好的模样。

　　盛夏，是赏荷的好时节。您有一条来自查干湖的关于赏荷胜地的留言，请注意查收。

捺钵广场

　　查干湖荷花节的时候，捺钵广场及其周边区域会被荷花装点得非常漂亮，游客可以在荷花节期间欣赏到满池荷花的美景，同时还能参与到各种文化活动中去。

野鸭湾

　　漫步在野鸭湾的栈道上，荷花盛开，荷香扑面而来。满眼的绿色，粉色的荷花点缀其中，你能近距离观察荷花不同的姿态，很是养眼。

渔猎文化博物馆

盛夏时节，渔猎文化博物馆旁的池塘中荷花热烈地绽放着，千姿百态的荷花在微风中摇曳，送来阵阵荷香。赏完荷塘美景，您还可以去渔猎文化博物馆游览一番，感受查干湖一万多年的渔猎文化。

成吉思汗召

每年夏季，成吉思汗召旁的荷花都会如期绽放，其娇艳欲滴的身姿吸引着无数游客前来驻足观赏。漫步荷花池畔，微风吹过，一片绿波随风翻动，柄柄红荷点点摇曳，如此美景，你怎能错过？

蒙古大营

荷花盛开之时，碧绿的荷叶、粉嫩的荷花与蓝白色的蒙古营帐相映成趣，有一种辽阔豪放之美。

竹筏码头

在此，你可以乘竹筏划向荷塘深处，感受竹竿拨动层层叠叠的荷叶，可以近距离观赏荷花优雅地舒展粉嫩的花瓣。朵朵荷花勾勒出一幅夏季限定的浪漫图景，美到令人心醉。

荷花深处行竹筏

查干湖的荷花，在层层叠叠、满眼翠绿的荷叶中央亭亭玉立，展露出娇媚动人的风韵。一阵湖风吹来，荷叶轻摆，荷花摇曳，送来淡淡的荷花香。

"菱叶萦波荷飐风，荷花深处小船通。"同这样的好景色再靠近些，是多少来此驻足观赏者的愿望，而乘坐竹筏，便是赏荷最安逸的通途。竹竿点在水面，荡起一圈圈涟漪，涟漪撞在连成片的筏子上，再轻巧地游回光里。竹筏游湖，去往荷塘深处，才能看见查干湖荷花真实的美。

静而不争，方显真色。

圣水湖畔，荷花塘中，满池荷花亭亭，开出一团团水上花火。荷塘深处，荷花有的含苞待放、半藏半露；有的恣意盛放、鲜艳妩媚；有的则抢先一步，欲结莲蓬……镜头之外的荷花有着更多真实的美丽，和更多需要人眼睛去捕捉的际遇。在这样一片湖水上，你或是垂钓，或是静坐，鱼跃时风生，花开时水起，一只竹筏，便是一片天地。

荷花开满塘之时，便是人间最美的时节。总要在夏日来一趟查干湖吧，乘竹筏划向荷塘深处，穿梭在荷叶之中，看一看这满塘荷花，这飘逸的美景定不会让你失望。

TIPS

查干湖碧波万顷、烟波浩渺，或乘竹筏穿行于蒲苇长廊间赏荷戏水，或乘快艇在宽广的湖面上乘风破浪，或坐在小船上悠然垂钓、赏鸥鸟齐飞，均为体验查干湖美景的好方式。

在查干湖，亲水赏荷莫过舟船

来到查干湖，面对烟波浩渺的湖面，亲水的最佳方式莫过舟船了。《论语·雍也》中说："知者乐水，仁者乐山。知者动，仁者静。知者乐，仁者寿。"

查干湖有四座码头，四座码头乘船感受各有千秋。新庙泡的竹排码头，背靠妙因寺，人们乘船会在经声佛号中，竹排慢悠悠地离开码头，穿过芦苇荡，划过蒲棒草丛，惊起一行白鹭，荡起半湖涟漪，看荻花飞舞，赏荷花争妍。两千五百多年前古人就感悟到蒲、荷之美。《诗经·泽陂》："彼泽之陂，有蒲与荷。有美一人，伤如之何？寤寐无为，涕泗滂沱。"美好的爱情故事发生在蒲荷之间，泪水便成了荷上的露珠了。

"离家三里远，别有一乡风。"新庙泡北三里远的查干湖快艇码头就不那般温柔了。这里有国内最现代的快艇，

最刺激的冲锋舟。只是像我这样的晕船者，行不上千米便昏天黑地了，只得中道而返。这是勇敢者的游戏，需有劈波斩浪的豪气，当大浪荡过艇首，迎面泼来的时候，也是此行最惬意的时候。那是人生的高峰体验，也是曾经有过的自豪。抹去眼前的湖水，再昂首向前的时候，大湖就在脚下。

引松渠西岸的游人码头，大船小船坐上去稳稳的，适合老年人游玩。

再往北，是查干湖中国最美渔村前的游船码头，在这里乘船，那是贵族的享受。这里是查干湖最宽阔的水面，一片汪洋之中，平稳的大船，东看青山头碧绿如洗，南望鸿鹄楼在云卷云舒中时隐时现，西观渔舟点点，北视水天一色，人生之乐，夫复何求！

除此四处可乘舟船之外，还有一处也是有船的，那里只有一艘船——查干湖的 9 号红船，那是 2018 年总书记视察查干湖时乘过的大船。如今 9 号红船停在新庙泡竹排码头西侧，虽然不对外开放，但也时常在湖中行驶。能否看到 9 号红船，还是得看造化。

鸿鹄楼可凭栏

    似乎每个大江大湖旁，于制高点上都建有名楼圣塔。就像洞庭湖之旁有岳阳楼，长江之侧有黄鹤楼，赣江之畔有滕王阁……查干湖边也有一座名楼——鸿鹄楼。

    "鸿"是"大"的意思，"鹄"与"湖"同音。查干湖是全国第七大淡水湖，称之为"大湖"是理所当然的。

    鸿鹄楼建在查干湖的制高点——"龙头"之上。五层飞檐，对角上分别建有捺钵亭、阿阑圣母亭、天骄祭湖亭、天缘亭。鸿鹄楼外，矗立着成吉思汗雕像、陶克陶胡雕像、苏玛雕像和蒙古骑兵团群体雕像。

    登楼四顾，草木绿到无所顾忌。在水之湄，苇花与白鹭共舞；空中俯瞰，松花江水汤汤北去。而夜空里的星辰才是鸿鹄楼的大观。

    夏夜，一片辽阔的天空被折叠起来。登楼仰望，凝夜紫的天空，浩瀚的星辰辽阔、深沉。每颗星子都是五千年前的象形文字，亦是未来人凝视我们的眼睛。这片星空允许你清澈、敏锐、专注。鸿鹄楼的星空是你的专属，是你亲自走过的一个又一个夜晚，是与你能匹配的诗和远方。

    我们喜爱仰望星空，很可能是因为我们本就来自宇宙，那里才是我们的故乡。

TIPS

    鸿鹄楼位于王爷府后院，是查干湖的最高点，站在鸿鹄楼上可以一览查干湖全貌，登楼免费，撞钟收费。

三日映湖，
晚霞湖水共长天一色

在查干湖野鸭湾，有比任何一座城市都令人惊讶的落日。

野鸭湾的落日，是大自然授予查干湖的勋章。

野鸭湾的落日，是镶嵌在这四百多平方千米大泽上的一块金字招牌。

尤其是在夏秋之际，落日光彩耀目，有肉眼可见的火焰从球体里掉下来，落进查干湖里。湖面被大面积点燃，金波浪涌，恰似有情人的高脚杯中激荡的葡萄美酒。而酒杯相碰的声音，是你一生的回味。

水中的落日像宣纸上滴了一团金色颜料后快速地晕开，由窄光渐变成宽光。从落日的角度来说，是太阳向远方送出了一条金光大道。而我们近在咫尺，是来

TIPS

看三日映湖，要在风力小于三级的时候，而北风天为最。日落北风刹，这是看三日映湖的最佳时机。

镀金的。湖水被染成一片金黄，远处天际也镶上了一层金边。天、水、云相映成趣，形成了"三日映湖"的奇观盛景。湖面这一整张纸，无一处不带上了那种不可估量的力量和秩序。

落日的自影、倒影与投影同处一个天象时刻，水里朦胧的倒影，可以在内心真实起来。因为朦胧便有了留白，所以能与过往的忧伤和解。朦胧柔软，才能触摸你的心尖儿。

三日映湖，虚实结合。夕照里的火焰，锋利、炽烈。云一旦有了灼烧的痛，便会张开胆大包天的翅膀。

在野鸭湾，落日是闯入者，为野鸭披上金丝软甲。我们同样是闯入者，误入藕花深处，惊得野鸭吐噜噜冲出芦苇荡，踏水飞奔。夕阳里，走在湖边的少年是你吗？一手提着星星，一手领着儿时的自己，面对浸血的落日，儿时的自己大喊："冲呀——冲呀——"少年则轻吟："落霞与孤鹜齐飞，秋水共长天一色。"

搭建在芦苇腰身上的鸟巢里，几片温暖的羽毛下，野鸭蛋，皮厚，白鹭蛋，皮薄。透过光，可以看见网状的血丝中，居然也有一轮查干湖的落日。

笑出一片花海，千娇百媚

一场花开，万千妖娆。契丹岛百花园的花海像是一场预约的花事，仿佛与爱情一样伟大。

契丹岛百花园中遍植芍药、牡丹、薄荷、马鞭草、翠菊、蛇目菊、万寿菊、孔雀草和百日草等数十种花卉。置身花海那一刻，周遭事物已沦为配角。天空与湖水互为镜像，幻化出大片大片的云朵。房屋、街道、树木随着花朵升到了半空，人们俨然踏上了飘在云朵之上的天空之城。若是伴着夕阳赶来，人们在花海里更加深了醉意，"醉眼看花花也醉"。明明是肩并着肩，手拉着手，却感觉很遥远，说出的话不及入耳便飘进了风里。

色彩是变化的时间。只要你足够细心，就会发现藏在花海里的色彩全是中国传统色：银朱、凝脂、香叶红、群青、玄天、行香子、帝释青、螺子黛、苍烟落照、青梅煮酒、东方既白，单单听这名字人就醉了七分。中国传统色，美得不可方物。

在契丹岛百花园，每一朵花都有来历，每一朵花都有自己的公众号和粉丝，甜蜜和爱意不仅仅由风和蜜蜂传递。若是哪枝花发了一个搞笑视频，可能整个世界的花都笑了，笑出了一片花海，笑得前仰后合，千娇百媚。

TIPS

　　百花园最大的花海是马鞭草园，那里有几十亩的马鞭草，是拍照的最佳景点。而关于其中的缘字广场，导游会讲出一串你不曾听闻的故事。

在4000米的高空俯瞰查干湖，是一种怎样的美

随着机舱门缓缓打开，一股冷冽的风迎面扑来，我站在4000米的高空，脚下是一片无垠的蔚蓝。查干湖，如同大地深情明亮的眸子，静静地看着我，等待着我以最勇敢的方式去接近它。我深吸一口气，纵身一跃，跳出机舱的瞬间，我与查干湖的距离，以一种前所未有的速度缩短。

在自由落体的过程中，我仿佛化身为一只鹰，以极速冲破气流的阻挡，查干湖在我的视野中逐渐铺开，从一个蓝色的圆圈变成了一片广阔的水域。阳光洒在湖面上，反射出耀眼的光芒，像是无数颗钻石在闪烁。

随着我急速下降，查干湖收藏的细碎的美也越来越清晰，一圈圈的水纹扩散开来，像是大自然的呼吸；湖中的小岛如一颗颗珍珠，散落在蓝色的绸缎上；湖岸线蜿蜒曲折，与周围的草原和森林相接。

在跳伞的过程中，查干湖的美不仅仅是视觉上的冲击，更是一种心灵上的震撼。4000米的高度，让我与查干湖的距离如此之近，让我与勇气的距离也如此之近。

随着降落伞的打开，下降的速度减缓，我有了更多的时间去欣赏这片美景。查干湖的湖面越来越近，我甚至可以看到湖水中自己的影子，看到湖边的树木和远处的山峦。这一刻，我与查干湖的距离，不仅仅是空间上的接近，更是心灵上的融合。

当我最终降落在查干湖畔旁，我感受到了一种前所未有的平静和满足。我不仅用眼睛看到了查干湖的美，更用心灵感受到了它的魅力。查干湖赐予我纵身一跃的勇气，让我得以用不同的角度与视野，去欣赏它波澜壮阔的美。

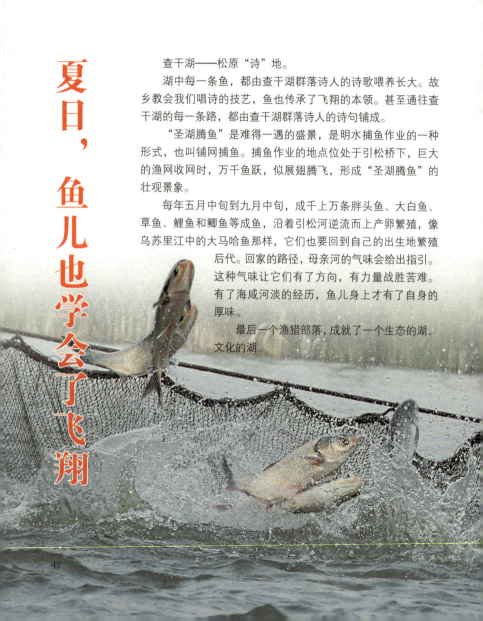

夏日，鱼儿也学会了飞翔

查干湖——松原"诗"地。

湖中每一条鱼，都由查干湖群落诗人的诗歌喂养长大。故乡教会我们唱诗的技艺，鱼也传承了飞翔的本领。甚至通往查干湖的每一条路，都由查干湖群落诗人的诗句铺成。

"圣湖腾鱼"是难得一遇的盛景，是明水捕鱼作业的一种形式，也叫铺网捕鱼。捕鱼作业的地点位处于引松桥下，巨大的渔网收网时，万千鱼跃，似展翅腾飞，形成"圣湖腾鱼"的壮观景象。

每年五月中旬到九月中旬，成千上万条胖头鱼、大白鱼、草鱼、鲤鱼和鲫鱼等成鱼，沿着引松河逆流而上产卵繁殖，像乌苏里江中的大马哈鱼那样，它们也要回到自己的出生地繁殖后代。回家的路径，母亲河的气味会给出指引。这种气味让它们有了方向，有力量战胜苦难。有了海咸河淡的经历，鱼儿身上才有了自身的厚味。

最后一个渔猎部落，成就了一个生态的湖、文化的湖。

巨大的渔网收网时，水中群鱼竞舞，争相跳跃。雄壮有力的渔工号子和渔网中不断集聚的大小鱼儿，仿佛穿越时空，将千百年前查干湖畔古老而又神秘的渔猎盛景呈现于游客眼前，让游客能够零距离体验"圣湖腾鱼"的壮观场面，流连忘返。

"圣湖腾鱼"表演是查干湖人把渔业生产演绎到文旅活动的一种尝试，为传统的铺网捕鱼赋予了渔猎文化新的内涵，将腾飞的、有形的鱼变为无形的鱼，跃入游客的眼中，游入游客的心中，让他们看到腾鱼奇景，体验收获的喜悦，感受文明的传承。"圣湖腾鱼"是吉祥好运的象征，见者吉祥安康。

在夏季，在高考前来看一次查干湖腾鱼，见证古老的渔猎文化与现代文明的碰撞，听一听渔工的号子，看一看一日鱼龙舞，用这沧浪之水，把一个懵懂少年濯洗成爽朗男儿。

TIPS

看腾鱼，要在查干湖尾闸放水补充大湖的时候，且只在每天早晚渔场起网的时候才能看到。如今已成为一个表演节目。

那达慕，
草原上的"奥林匹克"

    8月末的查干湖畔，夏日的炎热已经退去，我带着无限的憧憬和好奇，驱车赶往查干花镇乌兰花大草原，去参加在那里举办的那达慕大会，亲身体验蒙古族的别样风情。

    那达慕大会的盛况超出了我的想象。草原上人声鼎沸，彩旗飘扬，马头琴的旋律悠扬动听，每个音符都在诉说草原上的古老故事。开幕式上，彩烟升起时，蒙古族的勇士们身着传统服饰，骑着骏马，英姿飒爽地在草原上驰骋，展示着蒙古族人民的勇气与力量。

    那达慕大会上的竞技比赛是让人心潮澎湃的。这次的那达慕大会有速度赛马、搏克（蒙古式摔跤）、哈日靶（传统射箭）、投布鲁、扔砣子、喜塔尔（蒙古象棋）、鹿棋、沙哈（欻嘎拉哈）共八项传统体育比赛，还有踢乌兰红、打嘹嘹、草地跳绳三项传统游艺体验项目。

    摔跤场上，勇士们力量与技巧的较量让人热血沸腾；赛马场上，骑手们驾驭着骏马，风驰电掣般地在草原上飞奔，马蹄声如同战鼓，激荡人心；射箭场上，

射手们屏息凝神，箭矢如流星般划过长空，精准地命中靶心。每一项竞技都展现了蒙古族人民的力量与智慧，让人不禁为之喝彩。这一切，都让我深刻地感受到了蒙古族人民的英勇与豪迈。

    在这里，我还有幸品尝到了地道的蒙古族美食：烤全羊香气四溢，肉质鲜嫩多汁；奶茶香

浓醇厚，一口下去，温暖人心；各式奶制品，每一口都是味蕾的盛宴。这些美食
不仅满足了我的口腹之欲，更让我对蒙古族的文化有了深刻的认识。

　　夜幕降临，草原上的篝火晚会更是令人难忘。星空下，我与来自五湖四海的
朋友们手拉手，围着火堆跳舞、唱歌，那种欢乐和自由的氛围令人陶醉。那一刻，
我深刻感受到了人与人之间的温暖和友爱。

如今，我回想起在那达慕大会的日子，心中依然满是眷恋和怀念。那里的人、那里的草原、那里的美食都深深地烙印在我的记忆里。现在的我，正筹划着明年和朋友们再去查干花镇，听那达慕大会上的铮铮号角，看美丽的乌兰花草原，自由奔跑在草原上，让笑声随风飘向远方。

这里是大地捧出的一场别具风情的梦

查干湖畔的大汗蒙古风情园好似大地捧出的一个梦境。

站在风情园入口，辽阔之感如潮水般扑面而来。目光所及，世界仿佛被无限拉伸。天空像一块巨大的蓝宝石，澄澈得没有一丝杂质，云朵似灵动的哈达，随意飘浮着，带着一种漫不经心的自在。

脚下的草地如同绿色的海洋，无边无际。每一株草都是一个小小的生命，它们在风中摇曳生姿，一直延伸到天边，与蓝天在远方相拥。望着这无边无际的绿与蓝天相接的壮阔之美，让人的心境也随之开阔起来。

一座座洁白的蒙古包，宛如从天边飘落的云朵，又似大地孕育的珍珠。蒙古包群既保留了传统样式，又融入时尚的现代气息和色彩，勒勒车、铜像、雕塑点缀其间。每一个蒙古包都像一座小小的宫殿，承载着蒙古族人的历史与骄傲。

　　风自由地穿梭着，带着查干湖的水汽，混合着青草的芬芳和泥土的气息，如同调皮的孩子，一会儿在耳边轻轻呢喃，一会儿又猛地将发丝吹起，像是在和你嬉戏。

　　夜幕降临，繁星如同璀璨的宝石般镶嵌在天幕之上。篝火在蒙古包前欢快地跳跃，热烈的火焰将黑暗驱散。人们围坐在篝火旁，手捧奶茶，温暖从掌心一直蔓延到心底。男人们豪爽地饮酒，笑声在夜空中回荡。马头琴的声音悠悠响起，如泣如诉，每一个音符都像从灵魂深处流淌出来的。年轻的姑娘们穿着艳丽的蒙古族传统服饰，随着音乐翩翩起舞，她们的舞姿轻盈优美，如同草原上盛开的花朵。

　　在这里，辽阔与细腻交织，豪情与柔情并存，像一首无声的诗，又似一幅流动的画，让每一个来到这里的人沉醉其中，无法自拔。而美丽的查干湖，就像风情园的灵魂伴侣，它们相互映衬，构成了这一方令人心醉神迷的天地。

成长，小小鸟们的羽翼渐渐丰满了

进入了夏季，新庙泡的芦苇和蒲棒草开始疯长，仿佛一夜之间它们便钻出水面，绿成了一大片。

此时，大白和小白巢里的三只雏鸟是最离不开父母照顾的时候，一不小心就可能摔伤或是淹着。父母的翅膀，既可以把雏鸟扫回巢里，也可以把雏鸟抱在怀里，当雨水从天上降下来，三只雏鸟便钻进父母的翅膀中，偶尔会有一两只把头伸出来看看雨水是怎么降下来的。随着雏鸟食量的增加，大白和小白往返的次数也在不断增加，二十几天后，雏鸟就可以在蒲草平台上行走了。虽然如此，喂食时雏鸟还是会将嘴伸进父母嘴中取食。这是三只永远都喂不饱的雏鸟，它们永远是嗷嗷待哺的，只要父母张开嘴，便一齐冲上去。

过了三十天，雏鸟身上渐渐长满了羽毛，四十五天之后，它们便可以飞翔了。虽然它们还无法飞得很远，但从巢飞到觅食地是足够的了。接下来，便是练习觅食的过程了。这时，大白和小白一整天都在不停地觅食，给雏鸟做着示范。

每一次飞行都是一家五口，落入湿地，小白总是在前面做示范，而大白总是在东张西望地察看周边。只要大白一声鸣叫，飞向天空，余下的四口便会在小白的带领下，在水中蹚出一串涟漪，借着惯性冲向空中。

这时的雏鸟回到巢中降落的时候，会因站不稳而扑倒在蒲草上，父母只是站在一边看着，让它们自己站起来。在不断的摔打中，它们渐渐地强壮起来，可以站稳了。能独立飞行的雏鸟依旧离不开父母，每次出行都是一家五口结伴飞翔。在觅食地也是一家单独地守在一块湿地上，往返觅食，不与其他家族结伴。

日落后，一家五口会紧紧地挤在一起，相拥而眠。这种依赖性还在持续。

TIPS

只要在白琵鹭觅食地岸边搭好帐篷，留下一条缝，便可以仔细观察它们觅食。相机可从缝中伸出然后拍照。千万不要把头伸出来，只要它们看到人脸，就会马上飞走。

查干湖秋观鸟的魅力在于去是有计划的，但观鸟的过程却充满不确定性，因为你不知道会见到哪些鸟儿，也不知道会遇到什么样的故事。鸟儿们的故事，是查干湖给予每一个奔赴它的人的浪漫心事。

秋观鸟

大自然的入口，笔直通畅

　　曾有一位作家说过，吉林的文脉在于"三湖"——雁鸣湖、松花湖、查干湖的写作。查干湖犹如一颗璀璨的宝石，静静地躺在松原的怀抱中。这里，湖面波光粼粼，芦苇随风摇曳，仿佛是大自然精心绘制的一幅画卷。而新建成的栈道，正是通往这幅画卷深处的钥匙。

　　野鸭湾，一个充满野趣与生机的名字，仿佛能让人瞬间联想到成群的野鸭在湖面上嬉戏、觅食的场景。当你置身其中，感觉比想象还要美丽动人。湖面宽阔，水质清澈，芦苇丛生，为野鸭们提供了天然的庇护所。

新建的栈道，便是我们探寻这个秘境的最佳路径。它笔直深入，仿佛一条通往自然深处的秘密通道。走在栈道上，游人可以近距离地观察湿地中鸟类的生活状态，感受它们的快乐与自由。

沿着栈道走到湖边，一群野鸭列队相迎。栈道、野鸭、湖水，相融相映，缺一不可，你可以放慢脚步，细细品味这幅秋日画面的意境，感受那份宁静与美好。

对于摄影爱好者来说，野鸭湾栈道更是一个绝佳的拍摄地点。无论是晨光初照时的宁静与神秘，还是夕阳西下时的壮美与绚烂，野鸭湾都能为你提供最佳的拍摄角度。

所以，不妨带上你的相机与好奇心，踏上这条通往自然之境的栈道，去探寻查干湖野鸭湾的无限魅力吧！在这里，你将收获一份来自大自然的惊喜与感动，也将留下一段难忘的回忆。

TIPS

野鸭湾栈道共有三个出口，从花海进入，应先看完花海，从北口进，转到西口，再转回南口，从花海大门去车站。西口处有观景台，夕阳西下时可看"三日映湖"的自然奇观。

在玉龙湿地，被鸟鸣唤醒

在玉龙湿地，所有的事物都会被鸟鸣唤醒，就连光线仿佛也被鸟鸣的重量压弯。

面对一泓沧浪之水和锦绣花海之间交错共生的菖蒲、芦苇、荷花、荇菜……深邃旷远的背景，鲜活灵动的画面，以及蕴藏其中的意境与留白，往往让人生出无限的书写欲望。当我拿起笔来的时候，却觉得障碍重重。玉龙湿地微妙的韵致超出了语言所能描述的范畴，还有那些精彩绝伦的光影总是一帧帧在眼前闪回，无论是拍摄的角度、光线、声音、色彩，都把我的语言逼上了绝境。

幸好被鸟鸣唤醒。人们的耳朵，对于背景一样存在的声音经常是听不到的。好在这里静谧而辽阔，远处的云朵挂在树上或落入水中，使得远近呼应的鸟鸣，如一股凉凉的湖水漫过心头。内心安静，才能对大地上既平凡又微小的事物格外关注。

万物皆有灵。那些年远走他乡的鸟儿们，也应该是寻着玉龙湿地原本的气味，飞越千里万里，重新回到了心心念念的家园。一群群东方白鹳、黑鹳、丹顶鹤、白鹤、白头鹤、金雕、天鹅、野鸭、大雁，一声声清脆的鸟鸣，同声相应，同气相求。丰富的鸟鸣之声，妙不可言。

在玉龙湿地，被鸟鸣唤醒的还有那些多年不见的野花、野菜和中草药。红蓼回来了，着刀马旦装，背

插四杆靠旗，头上飘摇
着两根雉鸡翎。蓼蓝回
来了，花穗较红蓼短了
一些，每朵花盛开都有
诗句参与修行。蛇床子
回来了，花如米粒，轻声地合拢与盛开。
老人们仍然固执地叫它"癫头花子""野
茴香"……

在玉龙湿地，同样被唤醒的
还有那些绿豆蝈蝈、方头蚂蚱、
扁担钩、飒飒虫……

我也有了像水鸟、野草、昆
虫一样活着的想法。它们平凡而
坚韧，它们使查干湖这片玉龙湿
地充满生机。

TIPS

玉龙湿地在查干湖青山大街东。湿地中有几处人工岛是拍
鸟看鸟的首选之地。在这里，一年四季都能看到鸟。

一生一世一双鸟

在查干湖，有湖水的地方就有凤头䴙䴘。

只要你发现一只䴙䴘，就一定能等到另一只出现。雄性前额和头顶部是黑褐色的，枕部两侧的羽毛往后延伸，分别形成束羽冠，远看像伸向头后的角。雌性全身灰褐相间，体型略小一些。在求偶过程中，雌鸟总是害羞似的钻进蒲棒丛中，而雄鸟却张扬地甩着它的凤头，将羽毛完全地立在头上，扇子一样地张开。完成了求偶。它们总是夫唱妇随。雄性善潜水，可是不管它潜出多远，雌鸟都会在它身边出现。它们的巢是浮在蒲棒草丛的水面上的，为防止被水冲走，巢的周边会有几根蒲棒草作为依靠，巢里也会铺上草叶、苇秆。卵刚产出时是纯白色的，孵化以后逐渐变为污白色，当快要变成污灰色的时候，雏鸟便跳出了蛋壳。

筑巢、孵卵都是雌雄在一起，在交换孵卵的时候雌雄间配合得十分默契。每一次分别都是恋恋不舍，一步一回头地相望，每一次见面又显出久别重逢的激动，一只从另一只口中接下食物后，嘴都上下摆动着，感激之情表现得淋漓尽致。我看过许多单只的鸳鸯，却没有发现过单只的䴙䴘。

一窝小䴙䴘多为三五只，但也有六七只的，出生十几天后，小䴙䴘便跟着爸妈四处游动了。有时几只小䴙䴘会跳到雄鸟的背上，像坐在小船上一样，而雌鸟总是跟随左右。

查干湖凤头䴙䴘数量虽然很多，但它们总是以家族为单位活动在水面上，夫唱妇随，恩爱有加。

在查干湖到处可以看到凤头䴙䴘，只是它们看到人就会躲开，会与人保持一定的距离。它们的巢都在水草丛中，从外面看不见。

南飞，明年春暖花开时
小小鸟们定会北归

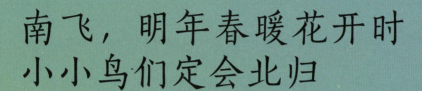

到了秋风起苇花飞的时候，大白和小白一家都能展翅飞翔了。巢的周边长着的芦苇和蒲棒草超过了平台，如果不是靠近看，站在远处已经看不清巢的样子了。但每天上午9点左右和下午2点左右，大白和小白一家五口会准时出来觅食。

在新庙泡南岸的湿地上，一家五口会守在自己的领地上，反复地在水中搜寻着食物。一个小时后，一家五口会朝北面的查干湖大湖方向飞去。在飞行的过程中，会有一些家族加入其中，慢慢地，三五十只汇到一起，在空中形成"一"字形的阵形。它们一路朝北飞，借着北风的气流飞入高空。查干湖北岸和西岸是大片的湿地，它们在那儿盘旋一周

回来时，队
形会有些散
乱，"一"
字变成了波
浪形的，显然是那些
雏鸟还不够强壮。午
后，还是这样飞行，
只是飞得更高些。
　　秋风阵阵，偶尔
会看到芦苇湿地上空
突然飞起一群琵鹭，然后又落下来。这是
琵鹭在做远行训练。大白和小白一家就在
其中，但每日的觅食还是那样准时。在望远
镜里，有些看不出三只雏鸟与父母的区别了。
只有离近细看，才能发现三只雏鸟仍略显瘦弱一些，出发的时候，它们会在父母
的前面领飞，回来时却落在了后面。
　　进入九月底，芦苇一片金黄，北雁南飞，当天空中布满了雁阵、鹤群的时候，
琵鹭群也加入了其中。显然大白一家是最早加入南飞大军的。四十几只琵鹭组成
的第一长阵是在上午起飞的，它们在空中盘旋了两周，发出大声的鸣叫，像是
在告别，也像是在召唤，就在这鸣叫声中，"一"字形排列起来，朝西南飞去，
留下了湖中随风摇曳的芦苇花和红褐色蒲棒在朝它们招手，等待它们明年回家。

TIPS

　　这时最适合用高倍望远镜观鸟。湖的南岸高家村一带，是此时观鸟的最佳地
点，可以看清鸟儿飞走的全过程。

鸟儿的故事，是查干湖的浪漫与惊喜

　　人在钢筋水泥包围的城市中待久了，自然想出去走走，于是便有了那句"生活不止眼前的苟且，还有诗和远方"。"远方"早已超越地理上的遥远，它更像是理想和梦想的代名词，抑或只关乎逃离当下的困局。只要是能让人暂时搁下困顿琐事、烟熏火燎的日子的地方，就是远方。

　　我的"远方"是那一片波澜不惊的湖水，和生活在湖水中那些鸟儿的故事。不知从何时起，我开始喜欢穿上户外服装和运动鞋，拿起望远镜和相机，背着行

囊去观鸟。从最开始用"大鸟""小鸟""白色的鸟""黑色的鸟"等词语称呼它们，到现在能叫出其中一些鸟的名字：白鹤、野鸭、苍鹭……鸟成了我与查干湖乃至大自然的连接。

我经常带着相机，静静地待在湖边，用眼睛和镜头捕捉鸟儿的故事：一只苍鹭优雅地在浅水中觅食，它那修长的腿和优雅的颈部曲线，仿佛正在跳着一支无声的舞蹈；一群野鸭在湖面上嬉戏，不知怎的，它们突然振翅飞离湖面，惊起圈圈水波，给宁静的湖水增添了几分生机；几只白鹤悠闲地在芦苇丛中散步，开心时便抬头引吭高歌，好不惬意……

观鸟的魅力在于去是有计划的，但观的过程却充满不确定性，因为你不知道会遇到哪些鸟儿，也不知道会发生什么样的故事，这就是查干湖的鸟儿给予每一个奔赴它的人的浪漫与惊喜。

东方白鹳

多成群活动，每年3月由南方迁来查干湖，在水域附近的树上筑巢。

白琵鹭

白琵鹭是查干湖的夏候鸟，每年3月中旬迁来，在湖区能居住8个月左右。

白鹤

每年4—5月北迁、10—11月南徙时都会经过查干湖。

苍鹭

每年 5 月初迁来，9 月底便成群地南徙。

凤头䴙䴘

每年 4 月迁来，成小群活动，5 月底进入繁殖期。

鸳鸯

查干湖的旅鸟，每年 3 月末至 4 月初北迁，9 月末至 10 月初南徙，北迁和南徙时都会经过查干湖。

苇海，一首写了四个季节的诗

如果写诗，你就写苇海，从芦苇初萌，写到苇浪拨云，从苇花红了又白，写到芦雪从天上落到心里。

五月，查干湖尚未熨平水面的波纹，小小的苇芽儿，就从旧年枯黄的苇根底下试探着冒出头来。短短的，尖尖的，浅绿色苇笋上顶着个白生生的嫩尖儿，萌萌地迎接路过的水鸟。拔下一根嚼在嘴里，甜丝丝，脆爽爽，让人心生希望。

湖水平了，南风近了，绿油油的芦苇长成了墙，苇荡密不透风了。一带栈桥深入湖心，桥头飞亭立在水上，湖那侧成了苇的世界，连空气里都弥漫着好闻的苇香。风从岸边拂过去，碧绿的苇浪也浩浩荡荡地从此岸一直荡漾开去，兴冲冲地去追赶天边的云。你撑一叶竹筏，用它高高翘起的一端，悠悠地推开清波，在绿得滴下水来的芦苇间穿梭。无意间冲撞了苇根下互诉心事的一对野鸭，"嘎"的一声，它们一个猛子扎下去，又在不远的地方，露出两个油黑的小脑瓜儿。

你整天整天躲在苇海里，听野鸭的悄悄话，听沙啦啦的风儿讲述水那边的故事。听着听着，芦苇就抽穗了，扬花了，火红火红的，像给这片绿海蒙了一块巨大的红纱巾。一夜清霜，芦花白了头，天地间白茫茫一片。晴朗的早晨，太阳洒下万千火种，整片苇海，星光闪闪，像是谁偷了整条银河来。姑娘们以蓝天碧水为背景，斟酌着光影，指挥男友按下快门，给爱的热烈和朦胧再添一片苍茫。春天别过的水鸟又回来了，长一声短一声地鸣叫，搅活了苇海。它们舒展开翅膀，在芦苇荡和蓝天之间盘旋，久久不去，直到天上的雪花和芦花连成一片。收割机在冰封的湖面轰隆隆驶过，成熟的芦苇变成苇苫子、苇垫子和追求古朴人家屋顶的编笆，金黄金黄的，泛着阳光的颜色、温度和清香，暖暖地继续陪伴热爱生活的人们。

这首写了四个季节的诗啊，每个标点都舒展了身姿，等你来。

TIPS

查干湖苇海位于野鸭湾附近，是查干湖又一道独特的风景线。莽莽苍苍的芦苇荡不仅是自然景观的一部分，还是各种鸟类理想的栖息地和繁殖地。每到秋季，群鸟翔集，芦花摇曳，为这片水域增添了无穷魅力和神秘色彩。

佛寺晓月，月缺月圆皆是修行

佛寺晓月，是查干湖妙因寺一大胜景。月缺月圆，皆是修行。

妙因寺，原名"妙音寺"，后改名为"妙因寺"。妙因寺的建筑风格体现了藏传佛教的特点，同时又融入了汉族建筑元素，形成了独特的汉藏结合的风格。

妙因寺与查干湖相互加持，相互成就。这两个打坐的莲蓬啊，左一盏，右一盏，于江湖夜雨里相互照耀。这世间再小的仪式都藏有深意。

如果有缘，在妙因寺当然要与佛寺晓月亲切交谈一回。当晓月西垂，阴影部分，锋利而灼热。有足够的温度使晓月烫伤、残缺、凹陷。这便是修行，而美在于"花未全开月未圆"。此时，你可以听见林间野果坠落的声音，也可以听见路灯下草虫鸣叫的声音。而有时，眼睛与耳朵也不可信。比如月亮就从未残缺过，只是被地球遮蔽了。月亮的苦难都是我们内心赋予的。比如月晕说："又要起风了。"而风说："其实我从来没停止过。"

你阅读的佛寺晓月，那只是妙因寺的一部分；你看见的妙因寺是查干湖的一部分；你禅悟的是我的诗的一部分。

其实安详的色彩也是一层一层加深的，就像面对佛寺晓月而蓦然回首时，玄天色突兀地在眼前了。玄即是天象的特殊时刻，黎明将至的天色。

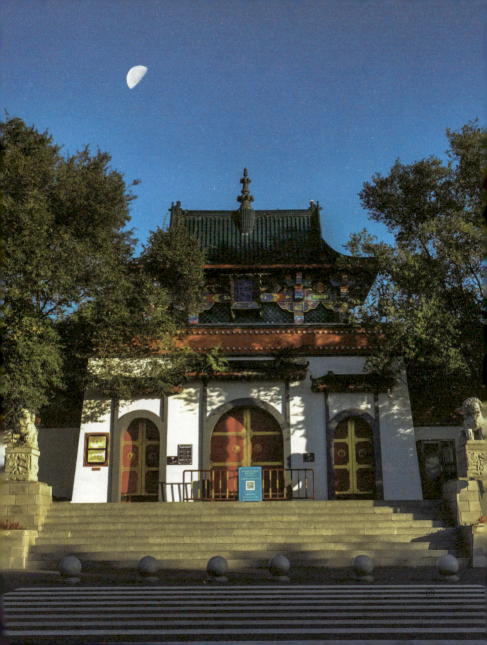

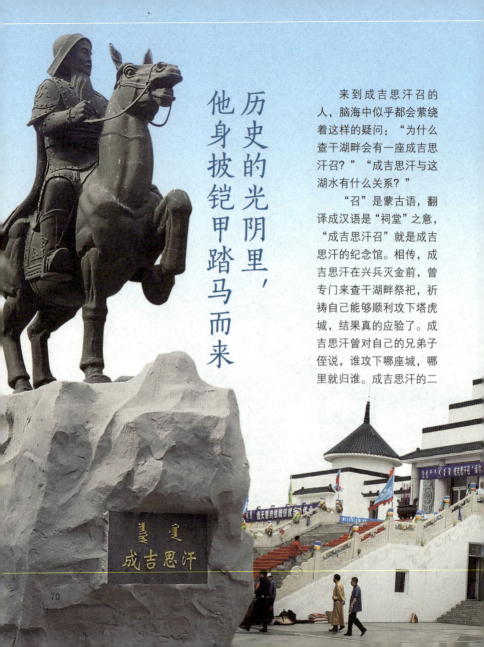

历史的光阴里，
他身披铠甲踏马而来

来到成吉思汗召的人，脑海中似乎都会萦绕着这样的疑问："为什么查干湖畔会有一座成吉思汗召？""成吉思汗与这湖水有什么关系？"

"召"是蒙古语，翻译成汉语是"祠堂"之意，"成吉思汗召"就是成吉思汗的纪念馆。相传，成吉思汗在兴兵灭金前，曾专门来查干湖畔祭祀，祈祷自己能够顺利攻下塔虎城，结果真的应验了。成吉思汗曾对自己的兄弟子侄说，谁攻下哪座城，哪里就归谁。成吉思汗的二弟哈萨尔征服了这片土地，并成为这里的统帅。如此看来，这里有成吉思汗的纪念馆就不足为奇了。

步入馆内，宁静如深海，我们走的每一步都显得那么庄重而稳健，生怕惊扰了这份历史的宁静。空气中弥漫着古老的气息，让人不由自主地放慢脚步，细细品味。历史的长河在这里汇聚成海，让游人的每一步都踏在时间的脉络上，可以感受到那份沉甸甸的厚重。成吉思汗与蒙古族英雄的雕像，以及他们遗留下的马鞍、战刀、战袍、铠甲……每一件展品都是蒙古族荣耀与辉煌的见证，让人心生敬畏，感慨万千。

我常遐想，若能化作敖包中的一颗石子，无论圆润或刚硬，都愿以沉默或微笑化解世间纷扰，抵挡尘世风雨，温暖每一个过客的心房；若不能，便祈愿万物吉祥，让这份历史的厚重与文化的深邃永远照亮我前行的道路。

当夜幕降临，草原之上星光点点，篝火熊熊，我愿化作夜莺，用歌声传颂那古老而神秘的英雄伟绩，让每一个听到的人都能感受到那份热血沸腾的激情与力量。

郭尔罗斯王爷府的
前世今生

　　在查干湖引松纪念碑广场北边，有一片青砖灰瓦的仿古建筑，那就是郭尔罗斯王爷府陈列馆。在这里，游人可以了解到郭尔罗斯前旗的前世今生，感受成吉思汗的铁骑留在东北大地上的尘烟。

　　虽然是仿建的王爷府，可当你走进这座深宅大院，还是能感受到当年草原王爷的奢华和富贵。整座建筑群建筑面积为5213平方米，连同前广场、后花园共占地40000多平方米，有传事室、武装梅林公务居室、总务科公务居室、印务梅林公务居室、管旗章京公务居室、回事处、印务处、营务处、客厅、议事厅、内务处、福晋居室、膳食厅、王爷居室、印房、后花园、官员议事厅、公主学习室、书房、佛堂等建筑。另外，还有占用王爷的房间开设的中国马头琴之乡陈列馆、王府民俗展厅、王府历史展厅、民族宗教用品展厅、乌巴什厅、哈萨尔厅等。如此之多的房间，与当年的王府相比，还是少了一进的院子和兵营。

　　在这些展厅中，有两个展厅要单独说一下。

　　一是哈萨尔厅。哈布图·哈萨尔，金大定四年（1164年），生于蒙古高原斡难河畔也速该·巴特尔的穹庐大帐内，是一代天骄成吉思汗的仲弟。哈萨尔自幼射箭技艺超群，一生英勇善战，为一统蒙古、开疆拓土立下不可磨灭的功勋，被誉为国之柱石、汗之良弼。1213年，哈萨尔奉其兄铁木真之命，出征郭尔罗斯部，在今齐齐哈尔一带生擒纳仁汗，从此郭尔罗斯部全部归顺成吉思汗蒙古黄金家族。

二是乌巴什厅。乌巴什，亨儿只斤氏，是元太祖成吉思汗仲弟哈布图·哈萨尔大王的第十六世孙，"嫩科尔沁"部始祖奎蒙克·塔斯哈喇之孙，博第达喇的第三子。公元16世纪末出生在今天的前郭县查干湖畔。后其成为郭尔罗斯部始祖，游牧于嫩江、松花江之间。

王府的后花园与王府隔着一条路，那里的鸿鹄楼是查干湖的最高点，登临可一览查干湖。

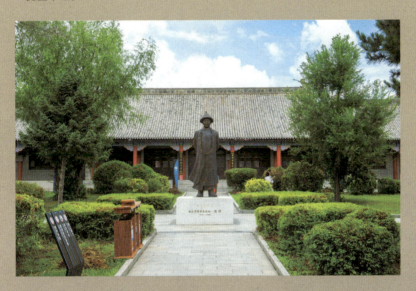

TIPS

王爷府景区位于南北湖之间，是南景区的核心。在这里往东隔路是引松渠，沿渠向南200米可以看到引松尾闸，松花江水通过尾闸流入查干湖。

查干湖冬捕保留着延续千年的习俗，凿
冰窟窿、马拉绞盘、冰下走网……古老的渔
猎文化鲜活地呈现在现代人的面前。

冬渔猎

查干湖 "封湖" 喽

　　当凛冽的寒风席卷大地，查干湖便悄然换上了冬装，瞬间化身为一个奇幻的冰雪王国。

　　广袤无垠的湖面如同一面巨大的银镜，平滑而闪亮，被坚冰牢牢封印。阳光洒在上面，折射出五彩斑斓的光芒，仿佛无数颗璀璨的宝石，又似星河落入人间。远处山峦连绵起伏，白雪皑皑，如奔腾的银龙，"山舞银蛇，原驰蜡象"的壮阔景象在这里再现得淋漓尽致。

湖岸边的树木，好像被大自然的雕刻师精心雕琢过一般，挂满了晶莹剔透的冰挂，这些冰挂有的如利剑般笔直，有的似珠帘般低垂，姿态各异，美不胜收，宛如一件件精美的艺术品。寒风吹过，冰挂相互撞击，发出清脆悦耳的声响，仿佛大自然演奏的美妙乐章。

　　脚踩在冰层上，发出"咯吱咯吱"的声响，好像在与这片雪域进行一场私密对话。湖面上，寒风吹过，扬起一阵阵薄薄的雪雾，如梦似幻。而那些忙着为冬捕做准备的渔民们，身着厚厚的棉衣，头戴毡帽，脸上刻满岁月的痕迹，却有一双双明亮而坚毅的眼睛。他们用粗糙的双手摆弄着渔具，动作娴熟而又沉稳，仿佛在进行一场庄重的仪式。

　　查干湖的冬捕，更是一场盛大的狂欢。当巨大的渔网从冰洞中缓缓拉出，活蹦乱跳的鱼儿在阳光下闪耀着万道光芒，壮观的场面令人震撼。人们欢呼着、雀

跃着，共同分享着收获的喜悦。这一刻，所有的辛劳都化为无尽的幸福。

"孤舟蓑笠翁，独钓寒江雪"，在这素白纯净的冰面上，偶尔能看到一两位孤独的渔人，身着厚厚的棉衣，头戴毡帽，静静地坐在冰窟窿旁，等待鱼儿上钩。他们的身影，在冰天雪地中，显得格外渺小，却又充满了坚韧与执着。他们与大自然融为一体，成为冰雪世界中一道独特的风景。

置身于查干湖的冰雪世界里，让人不禁感叹大自然的鬼斧神工与伟大；看着眼前如诗如画的美景，让人更能感受到浓浓的诗意与浪漫。

TIPS

来查干湖看封湖，一定要选在阴天。老把头讲"月亮封不到湖里"，有星星、月亮的日子不封湖。

渔猎的号角声响彻千年

生命是伴随着水而繁衍的。

在遥远的古代，当第一缕炊烟在河畔升起，我们的祖先便开始了与水的对话。他们以竹为筏，以木为桨，穿梭于波光粼粼的水面，追逐着水中的生灵。渔网撒开，是对未来的期盼；猎叉挥舞，是对生存的渴望。随着时间的流逝，渔猎文化逐渐沉淀，成为了一种独特的生活方式。

查干湖的渔猎文化源远流长，其历史可追溯到一万年前。考古工作者在查干湖东北岸的青山头台地发现了 1.3 万年前的古人类遗址，生活在这里的古人类被称为"查干淖尔人"，他们靠捕鱼和采集野果为生。从某种意义上来说，这可以看作查干湖冬捕的最初形态。

有史料文字记载的查干湖冬捕见于辽代，1022 年，圣宗皇帝耶律隆绪第一次亲率群臣及后宫嫔妃，千里迢迢来到当时查干湖畔的军事重镇长春州（今塔虎城遗址）"春捺钵"，此后近百年中，多位辽帝曾数次到查干湖畔"春捺钵"。

捺钵，契丹语，意为君主的行宫。春捺钵，是辽帝春季来此以"钩鱼、捕鹅、议政"的活动。

那时钩鱼，人先在冰面上搭起帐篷，凿开四个冰眼，中间的冰眼凿透用以钩鱼，外围的三个不凿透用以观察。鱼将到时，观察人等告诉皇帝，皇帝就到中间的冰眼用绳钩掷鱼。钩得的第一条鱼谓之"头鱼"，捕到后需即刻入帐烹调，用以宴请群臣和各地首领。

如今，查干湖冬捕仍保留着延续千年的习俗，凿冰窟窿、马拉绞盘、冰下走网……古老的渔猎文化鲜活地呈现在现代人的面前。查干湖的渔猎文化穿越千年的时光，依然在这片土地上传承。它不仅是一种生存方式，更是一种文化的延续，一种对自然的敬畏和对生活的热爱。在这里，每一次撒网，每一次收获，都是对这片湖泊深深的感恩和敬意。

TIPS

查干湖西南岸乾安县的藏字村北、地字村西、后鸣村西、腾字井北和查干湖东北岸前郭县八郎乡的莫古气村，都是当年辽帝与群臣"春捺钵"之地。

查干湖醒，可开渔

凛冽的寒风吹过，查干湖的水面悄然凝结成一片晶莹的冰原。然而，在这冰冷的表象之下，生命的脉动却从未停歇。查干湖正静静地等待那一年一次的召唤——冬捕的号角。

在冬捕开始之前，必须举行"祭湖·醒网"仪式。这是对湖神的祭祀，是对自然的敬畏。渔民们相信，只有得到湖神的允许，才能从湖中捕捞丰富的鲜鱼。

仪式结束后，渔民们开始了他们的工作。冰镩击打在冰面上，发出清脆的声响。随后，冰层被凿开，渔网被缓缓地放入冰下。这个过程需要极大的耐心和技巧，每一个动作都充满了对自然的尊重和对传统的遵循。

几个小时后，当一切准备就绪，真正的收获时刻便到来了。马拉着绞盘，渔网被缓缓拉出水面。随着网的上升，一条条鲜活的鱼儿跃出冰面。

游客们从四面八方赶来，他们穿着厚重的冬衣，脸上洋溢着兴奋和期待。他们见证了数万尾鲜鱼出"冰门"的壮观场面，也体验了这一古老独特的渔猎文化。在这里，他们不仅能买到新鲜的鱼类产品，更能感受到查干湖千年不变的生命力。

"查干湖醒，可开渔"，这是一句简单的宣告，更是一种文化的传承，一种对自然的敬畏、对生活的热爱。在查干湖，古老的渔猎文化得以延续，而它也将继续诉说它的千年传说。

TIPS

　　查干湖，原名查干泡、旱河，在蒙古语中被称为"查干淖尔"，意为白色而圣洁的湖。查干湖坐落在吉林省的郭尔罗斯大草原上，是吉林省境内最大的天然湖泊。祭湖、醒网、凿冰、撒网，数万斤鲜鱼脱冰而出，查干湖冬捕极富民族特色，是著名的"吉林八景"之一，现已成为当地旅游的一张"金名片"。查干湖冬捕活动也被列为国家级非物质文化遗产。

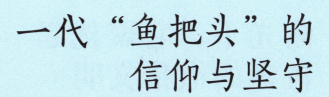

一代"鱼把头"的
信仰与坚守

寒冬腊月，查干湖迎来了一年中最热闹的时候——冬捕。收网的一刻，成千上万的鱼儿在冰面上跳跃，在冬日的阳光下闪耀着银光，形成了"冰湖腾鱼"的壮观场面。

我一直对查干湖冬捕充满向往，对鱼把头的智慧充满敬佩。我有幸见到了渔猎文化的传承人、鱼把头张文老师，他跟我们分享了作为一名鱼把头需要具备的能力。

要在冰封的查干湖冰面上找到下网凿洞的位置，靠的是精湛的技术和丰富的经验。作为鱼把头，想要掌握鱼群的走向，需要看风向、观冰色、听声响等，根据湖的底貌、水深以及冰面的颜色和雪的情况来判断鱼群可能聚集的地点，还要观察冰下的气泡、水流等自然动态，甚至聆听冰下的声音，来确定最佳的凿洞位置。

想要成为一名鱼把头，不仅要懂技术、有经验，还要懂管理。在寒风凛冽的冰上作业，冬捕更像是一场战役，鱼把头作为领导者和指挥官，需要展现出领导能力，能够指挥和协调团队成员，使每个人都能明确自己的职责，并能在关键时刻互相支持，确保捕鱼活动的顺利进行。

除此之外，鱼把头还是渔猎文化的传承者、生态环境的守护者。他们肩负着将自己掌握的捕鱼技术和经验传下去的责任，以使冬捕的号角世世代代响彻查干湖畔。

张文老师和一代代查干湖人用智慧和勤劳守着这一湖碧水，他们靠着勤劳质朴、吃苦耐劳、不服输的劲儿，用双手捕捞起一潭湖水的"鲜"，也守护着这份传承千年的渔猎文化。

阳光下，它聚拢起一片片古老的渔猎文明

　　水草交融处，查干湖还未靠岸的地方，一只巨型竹筏上的三角窝棚撑起尖顶，指向天空，它以沉默的豪迈对抗着湖的浩渺。镶嵌了鱼骨、贝壳化石的墙体，像粗糙汉子脸上、赤裸臂膀上的图纹，将身份和野心彻底展示在阳光下、空气中，静候百兽朝拜。这是渔猎文化博物馆，一颗来自遥远时空的胶囊，此刻，它正在聚拢着先民的智慧和前郭的雄浑，欢迎你走进去，打开一个前所未见的乾坤。

橱窗里，猛犸象巨大的骸骨站立着，粗长的前牙打了柔缓的弯，如山峦伏线。这只来自小冰河期的巨兽早被历史削掉了动作和表情，可它的威严丝毫不减，那是被严酷的环境一凿一斧塑造出来的。在它活跃的时代，对于一切生命来说，活着就是一项艰巨的挑战。

另一边，几个长发披散，以新鲜草叶遮蔽下身的原始人坐在森林中的空地上，专注地看着被他们围住的篝火，等待食物变熟。他们身体强壮，皮肤蜡黄油亮，表情凶狠。不添加任何香料的烤鱼味道或许难以想象，但白色烟火中的焦香还是打破次元壁，钻进游客的鼻孔。精心细致地搭建模型是一座博物馆应具备的美德，高度还原的模型将为你尽可能地点亮历史的细节，让一种文化、一种场景复活，覆盖观者的身体，进入他们的内心。

叉、矛、箩、网上的锈斑和细尘已经被用心清理了，但在古老的风雪中留下的疤痕，无论怎样修复，都已无法彻底恢复原貌了——早已经不痛了，浅浅的伤

疤是勇气的勋章。锃亮的法器、头饰、佛像，每一支、每一尊，都讲述着前郭尔罗斯蒙古族角色各异但结构同样简洁的故事，三燕丽蟾、金氏热河兽、小型恐龙和以它们为食的爬兽，串起的则是一条粗壮的、异世界的生态链。

旧石器时代晚期，渔猎文化已经发轫，查干湖畔的勇者年复一年地穿行林间，追獐逐鹿，以陷阱、武器和漫长的奔跑向遥远的文明冲刺。

辽圣宗至天祚帝年间，王公们每年到此例行冬捕，那时查干湖还被叫作大水泊、大渔泊，意义直白的名字，笔画的勾回里似乎都能蹦出几条肥鱼。古人对这湖充满敬意，开渔前，绕圣火跳查玛舞，领袖诵祭湖词，鱼把头诵醒网词，最后，再将贡品和好酒投入凿开的冰窟窿，完成祭祀。寒风不息，兵士们冻得牙齿打战，铠甲上的甲片直往一块儿聚，湖神的应允再隐晦，这会儿也都被听见了，于是醒网、凿冰、撒网，浩大的工程正式开始。太阳快落山了，冰面上长久的寂静后，数不清的长短肥瘦的鱼终于从冰窟窿里冒出来，比大腿强壮，比赛马有劲儿的大鱼，加在一块儿动辄万斤，湖神向来慷慨。皇帝有时身先士卒亲自上阵，如果捕到头鱼，当日的盛大宴席上，人们就再往炉子里添几把旺火，星空下、歌舞中、欢呼声里，剽悍的身体，浑厚的嗓音，粗犷的表达，纷纷融入松原严冬的凛冽中去，山也抖落几把雪过来捧场，那是一个强大的北方王朝封冻在时光里的光影。

时过境迁，王朝早已不在，但他们的精神和记忆仍旧在这座灯光昏黄的博物馆中飘荡，也流淌在代代松原人的血液中。今天，查干湖冬捕仍然是吉林省"非遗"名录上最亮眼也最壮观的条目，是著名的"吉林八景"之一，逛一回渔猎文化馆，观一场冬捕，顿觉刚才下肚的不是新鲜的蛋白和脂肪，而是一片片古老的文明。

TIPS

松原市渔猎文化博物馆位于查干湖景区内，是我国唯一一座以渔猎文化为主题的博物馆。博物馆整体建筑采用的是古代渔猎活动中常用的木架窝棚造型，墙面镶嵌鱼骨、贝壳等化石造型，让人一见就能感受到浓郁的渔猎文化气息。

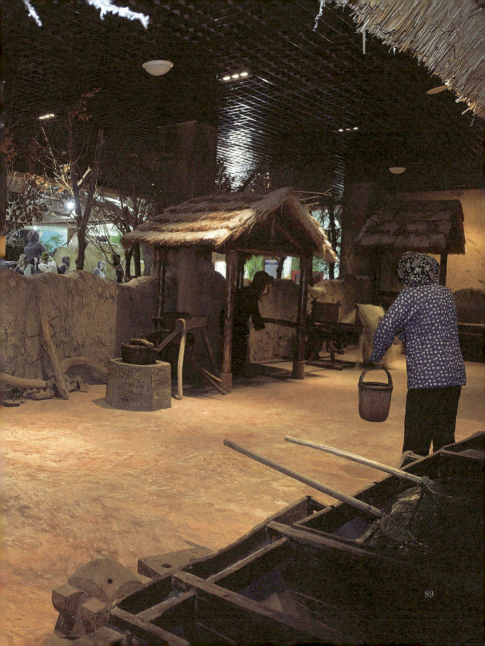

松原市前郭尔罗斯蒙古族自治县鼎润文化创意产业园位于成吉思汗文化园环路与源江路交会处。鼎润文化的研学活动由"非遗"传承人和研学导师带队。鼎润文化拥有成熟的研学路线和多种研学形式，并能按主题制订专属的研学方式，学生们在此可以沉浸式体验各种"非遗"项目和特色民俗文化。

来查干湖看冬捕，怎么能不过把当渔工的瘾呢？想过当渔工的瘾，必然要去鼎润文化创意产业园。

走进鼎润文化的大门，我瞬间被一幅大型的鱼皮画作品所吸引。它描绘的是查干湖冬捕的场面，查干湖冬捕和鱼皮画的制作技艺都是非物质文化遗产，"非遗＋非遗"的组合，想必是应了这幅画作的名字，祈愿查干湖"年年有鱼，年年有余"吧。

来到 2 楼，踏上查干湖冬捕体验馆"冰面"的那一刻，我们即变身渔工，开始冬捕。我们按照老师们的指导，在一个个已经凿好的"冰洞"里，用穿杆和水线引导渔网在水下展开，形成一个包围圈。老师告诉我们，真正的查干湖冬捕冰下走网时，渔工们需要在冰面上不断调整方向，以确保渔网能够覆盖到最佳的捕鱼区域。

当渔网完成展开后，再通过马拉磨盘的方式，将渔网同捕获的鱼一起拉出水面。当然，在体验馆中没有马，我们需要用自己的力量推动绞盘，将渔网从水中慢慢拉出。

体验馆的墙面上，有一幅巨大的冬捕彩绘，人们可以通过调整角度拍出逼真的照片，就像是自己真正在参与冬捕。老师告诉我们，这幅彩绘是邀请画师在墙面上作画的，没有采用悬挂彩喷画的原因是其在灯光下拍出来的照片会反光，真实感会大打折扣。我颇为震惊，连这样一个小小细节都考虑得如此周到，这是来自鼎润人对艺术细节的极致追求。

除了能过当渔工的瘾，我们还可以在查干湖冬捕体验馆了解到查干湖渔猎文化的历史，看到渔猎文化的历史变迁。

在鼎润，冬捕不再是遥远的记忆，而是鲜活的生活。在这里，每个人都可以成为冬捕的见证者、体验者、亲历者和传承者。

来这里，过把当渔工的瘾

冰湖腾鱼，岁岁年年

　　"吉林八景"中唯一的"活化石"就是查干湖的"冰湖腾鱼"。而展示这"活化石"的，就是查干湖渔场，如今更名为吉林查干湖渔业有限公司。

　　冰湖腾鱼，冬捕拉大网。每年 12 月 28 日，那是查干湖献给全国人民的冰雪渔猎盛宴。查干湖冰雪旅游冬捕节已经举办二十二届了。

岁岁年年，冬捕之前，鱼把头都要主持声势浩大的"祭湖醒网"仪式，一方面保佑万物生灵永续繁衍、百姓生活吉祥安康，一方面唤醒已经沉睡的渔网，以期张网下湖、顺畅平安。

　　冬捕节上，九位圣洁的红衣蒙古族公主点燃圣火，也点燃了人们心中的希望。接着"火神舞""诵祭湖词""诵醒网词"等仪式逐一亮相。最后，鱼把头和渔工们一起端起酒碗"敬天、敬地、敬祖"。接着鱼把头再喊："拿酒来，喝壮行酒！"喊罢，将一碗醇香的美酒一饮而尽。这些新鲜的亮点构成了具有浓郁民族特色的祭湖场面。接下来，八挂大马车拉着渔民，拉着渔网，奔向冰雪之中的圣湖。

　　如今国营渔场虽然更名为渔业公司，可是他们的灵魂没有变，他们依旧传承着查干湖千年的渔猎文化。

TIPS

　　渔场的后院是渔场大库，冬捕回来的鱼都进入大库，以备销售。

邀你加入独属查干湖的冰雪奇缘

走进冰雪乐园，一个洁白无瑕的冰雪世界扑面而来。

高耸的冰雕城堡在阳光下闪耀着神秘的光芒，仿佛从童话里来到现实中一般。冰雕人物栩栩如生，成吉思汗雕像更是威武霸气，让人不禁想起他当年驰骋草原的豪迈身影。城堡周围，彩色的灯光闪烁着，如同梦幻的星辰散落在冰雪之上。

迫不及待地冲向冰滑梯，坐上特制的滑板，心跳瞬间加速。从高高的滑梯顶端呼啸而下，风在耳边呼呼作响，刺激的感觉让人忍不住尖叫。仿佛自己化为一道闪电，在冰雪世界里飞驰。下滑的过程中，眼前的景色飞速掠过，冰的晶莹与光的绚烂交织在一起，让人如痴如醉。落地那一刻，满心都是兴奋与满足，让人忍不住立刻跑回起点，想要再次体验速度与激情。

不远处的冰上碰碰车也充满了乐趣。人们驾驶着小巧的碰碰车，在光滑的冰面上追逐碰撞。大家你碰我一下，我撞你一下，笑声此起彼伏。时而巧妙地躲避着别人的撞击，时而猛地加速冲向目标，每一次碰撞都带来无尽的欢乐。

还有冰上自行车，骑上去别有一番风味。在冰面上缓缓前行，虽然偶尔会有些摇晃不稳，但正是这种小小的刺激，让它变得更加有趣。一边骑着自行车欣赏周围的冰雪美景，一边和同伴们嬉笑打闹，时光仿佛在这一刻慢了下来。

李娟曾说："这世界如此寂静，深不可测，却又如此生机勃勃。"在成吉思汗文化园冰雪乐园，我真切感受到了这句话的含义。

TIPS

　　冬季来查干湖游玩的朋友可以顺路到成吉思汗文化园畅享冰雪之乐。成吉思汗文化园位于郭尔罗斯大路，就在松原高速收费站西侧1千米处。

光影斑驳，流年绰绰，在查干湖的怀抱中，

岁月如同一位多情的画家，执四季之画笔，描绘

出一幅幅动人心弦的画卷。

千年前，
风筝乘风直上，
传递秘密的情报；
如今，
它带着人们的祝福与梦想，
翱翔于天际。
所以，还有什么比放风筝更具诗意和浪漫的事情呢？

穿戴好装备，踩上脚蹬，
握紧车把，身体前倾，
自行车的轮毂快速旋转，
风景向后急速奔跑，如影随形，
湖光水色，成为他们征途的背景。
这是一场速度与激情的交响，
在查干湖畔，他们用热爱编织着不朽的荣光。

夏风清，湖水明，一朵芙蕖，花开盈盈。
蜻蜓为之沉醉，
它轻盈降落，倒影迷蒙，
薄薄的翅膀轻轻掠过水面的时候，
拨弄起一抹淡雅的荷香。

与鸟儿相遇的每一刻，
都是幸福与安乐的模样。
查干湖的灵动与生机，
隐匿在鸟儿婉转的鸣叫中和翩翩起舞的羽翼之下。

选条柔软的枝条，用勤劳的喙筑起温暖的巢，
用充盈的食物喂养嗷嗷待哺的雏鸟。
找片喜欢的湖水，或随波漂荡，或振翅翱翔，
或潜入水下，探索神秘的天堂。
鸟儿们的幸福生活，查干湖水知道。

肥沃的黑土地何其慷慨，随意播下种子便能收获万顷金黄。

我们能回报它的，除了深沉的热爱，还有不屈不挠的倔强和人定胜天的信仰。

在这片土地上，播种与收获不仅是季节的轮回，更是人与自然之间永恒的契约。

傍晚时分，
夕阳将余晖洒向沉默的大地。
『磕头机』上下摆动，
浅吟低唱着：『时光啊，你慢些走，让岁月可停留，让往昔可回首。』

110

在查干湖畔，生活着许多深藏不露的捕鱼高手，
他们可能是背着手遛弯儿的大爷，可能是笑脸盈盈跟你寒暄的大娘，
正是他们，用一双双勤劳的手，捞起这一池令人难忘的鲜。

每一次撒网，都是对丰饶收获的热切期盼；
每一次收获，都是对这片水域无限的敬仰与感念。

踮起脚尖，轻转手腕，舞一曲裙角翩跹；
呼吸清浅，扬起笑脸，唱一首轻快婉转；
幸福呀，欢乐呀，舞出来，唱出来，就是永恒的诗篇。

琴有了马头，
便有了骏马般强健的体魄；
马头被刻在琴上，
便能唱出激昂蓬勃的音符。
拉一曲婉转悠扬的《我和我的祖国》，
祝福我们伟大的祖国繁荣昌盛、万寿无疆。

时常想起那个温暖的春日午后，阳光如流金般穿过树叶，地面光影斑驳。轻掩的木门、青绿的小草、蜿蜒的小路，似乎都在期盼你和着欢快的鼓点尽情起舞，悠然自得，无比欢畅。

我们的故事要从夜市升腾的烟火说起，
从烧烤师傅们专注的眼神说起，
从一串串鲜嫩多汁的肉串说起。
手执烟火以谋生，且行且看且随风；
心中有诗以谋爱，且停且忘且从容。
把每个平凡的日子过成诗，
便是人间的好光景。

漫游

查干湖，不只是一片湖泊，它向我们展示的，还有一种生活的态度，一种对自然和宁静的向往。我在查干湖畔等你来，一起享受这份宁静与美好。

在北栖小院里做个闲人

　　轻叩三下门环，走进北栖小院，耳边的喧嚣一下子消失无踪。

　　小院里，精致的木制小桥横跨在一湾清澈的流水之上，桥下水波不兴。院内遍布绿植，它们或挺拔，或低垂，或盘曲，形态各异，却都散发着勃勃生机。鲜花点缀其间，或红或黄，或紫或白，它们在绿叶的衬托下，显得更加娇艳欲滴。

　　在这样一个午后，阳光透过树梢，洒在摇椅上，斑驳陆离。我坐在摇椅上，闭上眼睛，感受阳光的温暖，听流水潺潺。时间在这里仿佛变得缓慢，让人的心

境也随之平和。这样的时光是如此珍贵，让人忍不住想要抓住每一分每一秒，不愿它们就这样悄悄溜走。

夜幕降临，灯光渐渐亮起，为小院增添了一份神秘与浪漫。在这样的夜晚，我独自在院子里散步，让月光和灯光交织的光影引领我的脚步，感受微风的轻拂，这一切都是那么和谐，那么宁静。

在北栖小院里做个闲人，什么都不做，什么都不想，忘记时间的存在，忘记自己的身份，忘记所有的烦恼和压力，把自己还给自己。如此，甚好。

TIPS

查干湖北栖小院位于查干湖王爷府北街，是一座仿北京四合院式的民宿。北栖小院紧邻王爷府，步行到查干湖游船码头仅需 2 分钟，地理位置十分优越。

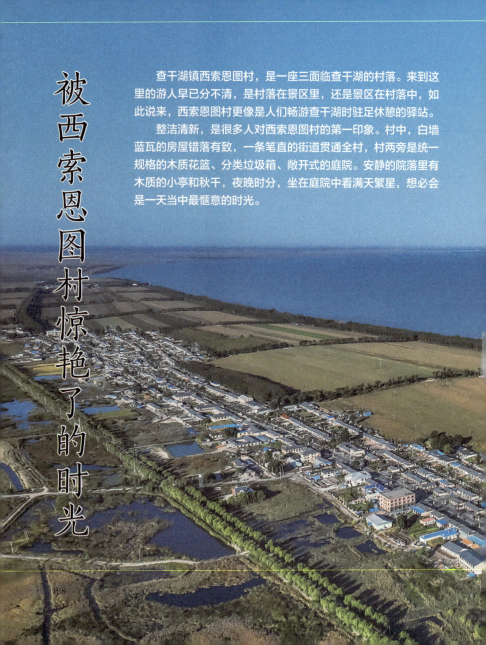

被西索恩图村惊艳了的时光

查干湖镇西索恩图村，是一座三面临查干湖的村落。来到这里的游人早已分不清，是村落在景区里，还是景区在村落中，如此说来，西索恩图村更像是人们畅游查干湖时驻足休憩的驿站。

整洁清新，是很多人对西索恩图村的第一印象。村中，白墙蓝瓦的房屋错落有致，一条笔直的街道贯通全村，村两旁是统一规格的木质花篮、分类垃圾箱、敞开式的庭院。安静的院落里有木质的小亭和秋千，夜晚时分，坐在庭院中看满天繁星，想必会是一天当中最惬意的时光。

渔村之中，旅人常来常往，同久在此地居住的村民不同，近距离接触查干湖，总感觉与从书中读到的查干湖有很大不同。水鸟轻点水面，树荫下泛起涟漪，圈圈圆圆圈圈圈，道道白影贯长虹，逐落日，飞鸟本就是天空的画师。自然的美向来如此，不可复制，不可强求，你只能静静地等待着触动心弦的那一刻。

如果你来到查干湖，想要寻找一个宁静美好的落脚之地，那么西索恩图村绝对是一个不错的选择。这里春天生机勃勃，夏天热闹非凡，秋天宁静致远，冬天纯净梦幻，一年四季，西索恩图村都在以其独特的魅力，吸引着每一个向往自然、热爱生活的人。来吧，让西索恩图村的美，惊艳你的时光。

TIPS

西索恩图村三面临湖，村口就是查干湖南湖景区的换乘中心。村子内有各种风格的特色民宿，既有农家乐、渔家乐、牧家乐，也有温泉民宿、艺术民宿等。村内鱼馆林立，无论选择哪一家，都能品尝到地道的查干湖鲜鱼。

关东渔王

位于查干湖北景区，邻近野鸭湾，出门即可抵达百花园。室内装修以木质为主调，房间宽敞明亮，布局合理，备品齐全。

地址：前郭尔罗斯蒙古族自治县001乡道与兴宗大街交叉口东北80米。

品悦假日酒店

邻近"冰湖腾鱼"景点，内有台球室、茶室、KTV等场所，提供管家式的周到服务。

地址：前郭尔罗斯蒙古族自治县查干湖王爷府北街。

查干湖栖畔酒店

酒店设计独具匠心，精美大气。店内设茶室、台球室、KTV等场所，可提供各类特色餐食。

地址：前郭尔罗斯蒙古族自治县圣湖路与运河东街交叉口西北方向约50米。

在湖畔处落脚，枕湖水入梦

松发度假酒店

三星酒店，环境幽雅，可体验农家生活。

地址：前郭尔罗斯蒙古族自治县圣湖路与孝庄大街交叉口西50米路北。

张三渔村

查干湖首家精品露营民宿，有民宿客房和露营小院，并能提供室外篝火晚会等服务。

地址：前郭尔罗斯蒙古族自治县运河东街查干湖游船码头荷花池对面别墅区。

查干湖交通宾馆

宾馆附近便是查干湖南换乘中心、郭尔罗斯王爷府、妙因寺、查干湖渔猎博物馆等景点。

地址：前郭尔罗斯蒙古族自治县查干湖景区王爷府西侧。

全鱼宴的诱惑

在查干湖畔，有一种诱惑，它不张扬，不喧嚣，却能让人魂牵梦萦，那就是全鱼宴的诱惑。查干湖的清澈水质，孕育出了一种独特的鲜美——鱼鲜。

"靠山吃山，靠水吃水"，这句话在查干湖畔得到了完美的诠释。查干湖的鱼以鲜美著称，它们在清澈的湖水中自由生长，拥有着最旺盛的生命力。这样的鱼，不需要复杂的烹饪工艺，简单的调料就能凸显出其鲜美的本味。

游人随便走进查干湖畔的一家饭店，都能品尝到这种鲜美。渔民们每天清晨下湖捕鱼，新鲜的鱼儿在阳光的照耀下，闪烁着诱人的光泽。他们用最传统的方式，最简单的调料，烹饪出最地道的查干湖风味。

查干湖全鱼宴，是对"鲜"淋漓尽致的诠释。大厨们以查干湖野生鱼为主料，经过炖、煎、炸、爆、熘等，将鱼做成了冷、热、生、熟俱备，软、嫩、酥、脆俱全，香、甜、麻、辣俱有的丰盛宴席。这样的宴席，吃一次就会让人终生铭记。

酱炖胖头鱼头是全鱼宴中我最爱的一道菜肴，这道菜的制作过程并不复杂，但却需要耐心和时间。首先，将新鲜的胖头鱼头清洗干净，用料酒和盐稍微腌制，然后放入锅中，加入足够的水和大酱，用文火慢慢炖煮。随着时间的推移，酱料的香味逐渐渗透到鱼肉中，鱼肉的鲜美也被完全激发出来。最后，当鱼肉变得酥软，汤汁变得浓郁时，一道美味的酱炖胖头鱼头就完成了。

现在的全鱼宴早已超出食物的范畴，它变为了一种文化，一种传承，一种对查干湖深深的情感。全鱼宴的诱惑，让人无法抗拒，让人流连忘返。

TIPS

　　来查干湖，必吃全鱼宴。在查干湖畔，随便走进一家鱼庄，都能品尝到鲜美
的全鱼盛宴。

这样吃蒙古族餐食才地道

在广袤的草原上，蒙古族人民以其独特的饮食文化，展现了他们对大自然的敬畏和对生活的热爱。

烤全羊

烤全羊是蒙古族的传统名菜，也是草原上最隆重的餐食之一。一只烤全羊，需要经过精心的腌制和慢火烤制，直到外皮金黄酥脆，内肉鲜嫩多汁才算烤制完成。当烤全羊端上桌时，主人会用刀子在羊背上划一个"十"字，然后邀请尊贵的客人先品尝。吃时，只需用手撕下羊肉，蘸上特制的调料，便可感受羊肉的鲜美与调料的香辣在舌尖上的完美融合。

手抓羊肉

手抓羊肉是蒙古族人民日常生活中不可或缺的一道菜。它通常以羊肋排为原料，只需经过简单的煮制便可上桌，保留了羊肉的原汁原味。

马奶酒

马奶酒是蒙古族的传统饮品。喝马奶酒时，要小口慢饮，细细品味其中的酸甜与醇厚。

奶茶

奶茶是蒙古族人民日常生活中的必备饮品。它由砖茶和牛奶熬制而成，既有茶的清香，又有奶的浓郁。喝奶茶时，要慢慢品尝，感受茶与奶的完美融合，以及其中蕴含的草原文化。

炒米

炒米是蒙古族的传统小吃，香脆可口，受人喜爱。炒米可以单独食用，也可以泡在奶茶中，伴着奶茶来吃。

烤羊排

烤羊排是蒙古族的另一道传统美食。羊排经过腌制和烤制，外皮酥脆，内肉鲜嫩。烤羊排色泽金黄，香酥入味，肥而不腻，令人回味无穷。

奶制品

奶酪、酸奶等奶制品，是蒙古族人民日常生活中的重要食品。吃奶酪时，可以切成小块，慢慢品尝其独特的风味；喝酸奶时，可以加入一些炒米或蜂蜜，增加口感的丰富性。

135

查干湖礼物

查干湖胖头鱼

来查干湖，怎么能不带查干湖胖头鱼？查干湖水质清澈，天然饵料丰富，为胖头鱼提供了绝佳的生长环境。查干湖胖头鱼鱼体侧扁且高，头部硕大且圆润。品质上乘的胖头鱼肉质鲜嫩多汁，富含蛋白质、氨基酸等营养物质，维生素 E 的含量更是远超其他产地的胖头鱼，且具有药用价值。查干湖胖头鱼经过特殊处理和包装，可以作为伴手礼送给亲朋好友。

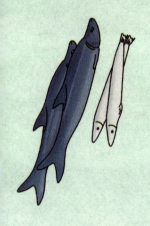

查干湖其他鱼

查干湖的鱼类资源丰富，各种各样的鱼产品既营养又美味，也是赠送亲友的上佳选择。银鱼、草鱼等礼盒都很受欢迎。

蒙古族奶制品

查干湖畔也是蒙古族民众聚居的地方，因此当地的蒙古族奶制品，如奶酪、酸奶等，也是很好的伴手礼。

牛肉干

查干湖畔的牛肉干以其独特的风味和制作工艺备受游客喜爱，它也是伴手礼的不二选择。

四粒红花生

这种花生外观小巧玲珑，每颗中通常有四粒饱满的果仁，故而得名"四粒红"。其果壳坚硬，果仁呈暗红色，带有天然的光泽。四粒红花生口感酥脆，味道浓郁醇厚。它富含蛋白质、脂肪、多种维生素和矿物质等营养成分，具有较高的营养价值。四粒红花生不仅是美味的零食，也是烹饪中的重要食材。在烹饪中，四粒红花生可以用来炖煮、炒制，为菜肴增添丰富的口感和营养。

松江老醋：中华老字号

松江老醋，拥有着悠久的酿造历史，散发着独特的魅力，其酿造历史可追溯至民国初期。松江老醋酸味柔和，回味绵长，酸甜可口，是烹饪佳肴的绝佳调味品。

炭泉小米

炭泉小米米粒小而圆润，色泽金黄，手感光滑沉实。煮出的小米粥黏稠适度，香浓醇厚，米油丰富，每一口都能让你感受到那份天然的香甜。

炭泉黑豆：中国国家地理标志产品

炭泉黑豆口感醇厚，豆香四溢。无论是煮成香浓的黑豆粥，还是制成美味的豆浆，抑或是与其他食材搭配烹饪，都能展现出独特的风味。

伴手礼，集合了

　　鼎润文化的设计师们深入挖掘东北的传统文化，将"非遗"艺术与现代审美相结合，创造出既传统又现代的作品。这些作品设计精美、材料优质、文化底蕴深厚，无疑是"倍有面儿"的伴手礼。无论你送给谁，都能让对方感受到这份来自东北的真诚与温暖。

放飞鱼皮饰品

以查干湖胖头鱼鱼皮为原料，以传统纸鸢文化和金鱼文化为设计元素，采用省级『非遗』项目查干湖鱼皮制作技艺手法制作而成，寓意『如鱼得水，如鸢在天』。该系列作品获中国旅游商品大赛银奖。

楠丁布勒格

以布为原料，以美好心愿和祝福为元素，饱含传统文化情感寄托和吉祥意义，采用省级『非遗』项目郭尔罗斯布艺制作技法做成，为您献上松原百姓珍贵的礼物。该系列作品获中国特色旅游商品大赛金奖。

鱼跃龙门 鱼皮版画

以查干湖胖头鱼鱼皮为原料，以传统文化中的鱼跃龙门典故和吉林省物产鱼和鹿为设计元素，采用省级『非遗』项目查干湖鱼皮制作技艺手法制作而成，寓意『福禄双全事事好，鱼跃龙门步步高』。该系列作品获吉林省文创大赛金奖。

人鱼公主饰品

「天上龙鳞，地下鱼鳞」，经过染色的鱼皮更是精美绝伦。该系列作品为利用鱼皮鱼鳞的特殊属性，运用「非遗」技艺制作而成的时尚饰品。该作品旨在打造梦幻人鱼风，让爱美的女孩子做一次真正的人鱼公主。该系列饰品获中国特色旅游商品大赛金奖。

花样松原鱼皮饰品

该系列作品包含鱼皮面具、鱼皮裙扣、鱼皮胸针等，以查干湖胖头鱼鱼皮为原料，以查干湖鱼皮制作技艺为手法，结合当代年轻人的喜好设计制作而成。属潮流饰品，深受年轻人喜欢。

缘来是你手鞠球饰品

以传统宫廷手鞠文化为依托，以查干湖的大湖之蓝为渐变底色，采用传统手鞠球制作技艺制作，并在作品中融入现代潮流和审美，寓意「缠缠绕绕，缘分不断」。该系列作品获中国特色旅游商品大赛金奖。

四季有余茶具

这套茶具以四季查干湖为文化元素，以胖头鱼鱼头形象为造型基础，深受游客喜爱。

查干小胖智能拼图

『查干小胖长成记』益智类拼图诞生于查干湖畔，贯穿着渔猎文化，既将『非遗』木雕技艺与物理知识相结合，又融合了3D立体拼图的特点，可以全方位锻炼孩子的设计思维、动手能力、空间想象力、逻辑思维、物理运用能力等，是一款实用的益智类拼图，获中国特色旅游商品大赛金奖。

逗猫系列宠物饰品

在快节奏、低社交的现代社会中，宠物地位越来越高，宠物经济已然势不可挡。鱼是猫咪的最爱，以查干湖胖头鱼皮为原材料，运用查干湖鱼皮『非遗』技艺制作的逗猫棒、猫咪发饰、猫抓板等定会受到猫咪的喜爱。该系列宠物饰品获中国特色旅游商品大赛银奖。

我在查干湖畔等你来

如果你选择乘坐飞机，可以飞往松原查干湖机场，这也是最快到达查干湖的出行方式。根据航班情况，会有志愿服务车随时发车，直达查干湖景区南换乘中心，衔接景区观光车。

乘坐高铁是另一种快速到达查干湖的方式。你可以乘坐高铁到达松原市，高铁列车在广袤的东北大地上飞驰，窗外的风景如同一幅幅精美的画卷，不断展开。

如果你喜欢自驾旅行，可以通过导航系统直接驾车前往查干湖。查干湖位于吉林省前郭尔罗斯蒙古族自治县的西北部，距松原市区45公里。自驾前往查干湖，是一场自由而随性的探险。自驾时，你可以根据实际情况选择最佳路线，享受沿途的风景。

查干湖的春天万物复苏，但春季天气多变，建议携带雨具和保暖衣物。同时，由于春季是一些鸟类繁殖的季节，所以此时前来的游客应与鸟类保持距离，以避免干扰鸟类的正常生活。

夏季是查干湖的旅游旺季，水草丰美，可以体验乘船游湖、观赏荷花等活动。但由于夏季天气炎热，游客应注意防晒，携带太阳镜、帽子和防晒霜等，并注意补水，预防中暑。同时，也要注意水上活动的安全。

秋季天气较为凉爽，但昼夜温差较大，游客应携带长袖衣物。此外，秋季也是观赏候鸟迁徙的好时节，喜欢摄影的游客可以带上相机记录这一自然奇观。

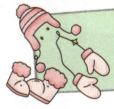

查干湖的冬捕活动非常壮观。冬季湖面结冰，气温极低，游客一定要穿好冬装，包括羽绒服、雪地靴、手套和帽子等，活动时遵守景区的规定和引导，注意安全。

查干湖景区内提供环线观光车服务，方便游客在景区内游览。

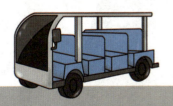

玩转松原

松原，一座让人一眼倾心的城市，一座让人常去常新的城市，一座值得被所有人认识并记住的城市。

一座寺庙，多少故事

　　在松原市一隅，有一座拥有百年历史的寺庙——龙华寺，它静静地见证了无数个春秋的更迭。寺庙的晨钟暮鼓仿佛能穿透时间，唤醒人们心中最深处的宁静。

　　人们来到龙华寺，或为祈福，或为还愿，或仅仅是为了在喧嚣的生活中寻找片刻宁静。他们带着自己的故事，或轻声细语，或默念于心，将希望寄托于这座古老的建筑。

　　第一次来龙华寺，我就被其大雄宝殿中的 1250 尊罗汉像所震撼，这里的每一尊罗汉像都被雕刻得栩栩如生。它们神态各异，有的面带微笑，有的沉思冥想，

TIPS

　　龙华寺位于吉林省松原市东郊，松花江九龙口之畔。面江临水，森林耸翠，山川秀美，风景如画，是佛教文化传播的圣地。龙华寺大雄宝殿，位于龙华寺西部，天王殿之后。大雄宝殿采取明清殿宇式建筑风格，仿照北京故宫太和殿样式而建。

有的则显得威严庄重。日复一日，年复一年，罗汉像们注视着世间的人来人往，倾听着发生在不同人身上不同的故事，它们看似静默不语，却洞察着世事。

在这里，发生过无数的故事。有年轻的情侣，手牵手在佛前许下永恒的誓言；有年迈的老人，喃喃地诉说着对逝去亲人的思念；还有那些在人生旅途中迷失方向的旅人，他们在寺庙的静谧中找到了前进的方向。每一个故事，都是一段个体的生命旅程。

冬季，来寺庙的人并不多，但每一个前来的人，都带着一颗更加虔诚的心。他们在雪地里留下深深的足迹，每一步都显得格外坚定。冬季的寺庙，虽然寒冷，但也因为这份宁静和纯净，而显得更加温暖。

一座寺庙，多少故事。这些故事，或许平凡，或许伟大，在龙华寺，每一个故事都值得被聆听，每一份情感都值得被尊重。

森林深处，藏着一条
通往童年的小路

在哈达山森林秘境，藏着一条通往童年的小路！

在这里，你不必苦苦追索，她自会献上热情的哈达，然后"啪"的一声打开时光的魔盒。阳光、草地、花海、稻草人、星空、焰火、灯光、小木屋……你想要的，都给你；游艺、露营、团建、垂钓、骑马、烧烤、家人聚餐、举办婚礼、实战 CS……你想做的，都由你。

听着潺潺的水声，走过一段蜿蜒的木栈道，在茸茸青草铺开的绿毯上，在浓密树木投下的绿荫旁，在巨型花艺城堡前，遇见一个稻香的童话。与酷帅的眼镜

TIPS
　　哈达山森林秘境在松原市宁江区滨江大道警察学校东侧，这里有自助丛林露营、射箭俱乐部、特色村屋民宿、梦幻童话地堡和多个网红打卡拍摄场地，还会定期举办各类音乐节、露营节等活动。

猩猩合个影，在天空龙猫巴士里露个头，在粉色恐龙和火山下留个念，在大嘴秋千上打个卡。心墙迷宫走上一遭，亲子乐园玩上一圈，空中绳道爬过，大型蹦床跳过，草地卡丁车开过，真人 CS 战过……重回童年，就是这么简单！

　　夜幕降临时，流火瀑布看起来，"非遗"铁艺溅起的火花像流星，像瀑布，像流星和瀑布组成的暴雨，光彩夺目地在艺人手中倾泻；电音吉他弹起来，铮铮的音乐水一样流淌在夜空中；梦幻灯光舞起来，每一帧流光幻影，都营造出梦一样的童话世界；还有，还有，冒油大串吃起来，冰镇啤酒喝起来，篝火晚会办起来……

　　造型各异的小木屋蘑菇一样散落在林间，选一间你喜欢的住进去，躺在舒适的大床上，看窗外星光点点，听耳畔虫鸣唧唧，呼吸间都是板壁的木香和林间潮湿的草木清香……夜，是如此安稳！

　　当太阳再次升起，你也许会发现，那些童年的记忆，那些快乐的时光，其实从未远离。它们就藏在森林秘境的小路两旁，随时准备带你回到那个纯真的年代。

策马草原，任自由肆意生长

在城市的钢筋森林里待得太久，心便对无垠的绿色生出无限向往。于是，某个周末的清晨，我约上三五好友驱车前往艾里草原，去追寻那份久违的自由。

车窗外的风景随着车轮的转动而不断变换，高楼大厦逐渐被连绵的山丘所取代，城市的喧嚣则被风的轻吟所替代。终于，我们抵达艾里草原。我们迫不及待地跳下车，深深地吸了一口清新的空气，那是一种久违的、纯净的味道。

我们选择了几匹温驯的马。在工作人员的指导下，我们笨拙地爬上马背，随着马儿的步调，开始了我们的草原之旅。起初，我们还有些拘谨，但很快，我们就适应了马背上的节奏，开始享受那种与大地融为一体的感觉。

或许骑马会少了些现代交通工具给予的安全感，但却多了些原始的野性。时过境迁，如今的蒙古族人民早已不再将马匹视为唯一的代步工具，却让我们这些从别处来的游人有了体验的机会。或许马儿不自由，受人制约，或许人也不自由，受马儿的制约，但总有一个下午，或是傍晚，人同马都不受约束，只是为了奔跑而奔跑，那是多么美好的感觉。

　　策马过后，再来品尝一下正宗的蒙古族餐食。游牧民族向来豪爽，其饮食也并不需精雕细琢，只需要一点儿巧思，灵光便已迸发。肉要大口吃，酒要大口喝，洁白的哈达成为脖颈上光晕的那一刻，你就是蒙古族人的朋友！

　　当口腹之欲得到了绝佳的满足，精神的呼唤便水到渠成地响起，人们就这样围着篝火，跳起舞蹈，这期间绝没有什么敷衍或是羞怯，人内心的天性在这无垠的草原上，就这样同一群炽热的人一起释放。

　　在艾里草原的日与夜，自由都在肆意生长。

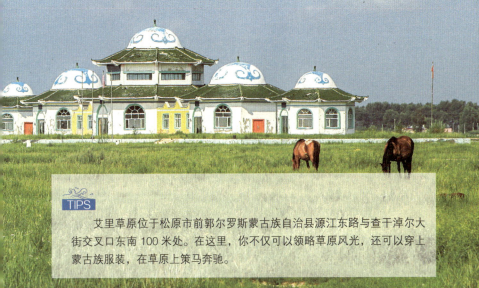

TIPS

　　艾里草原位于松原市前郭尔罗斯蒙古族自治县源江东路与查干淖尔大街交叉口东南 100 米处。在这里，你不仅可以领略草原风光，还可以穿上蒙古族服装，在草原上策马奔驰。

百年古镇承载着的悠悠岁月

　　一个初夏的午后，我推开了哈拉毛都"祥大爷府"的大门，走进了这座有着三百多年历史的宅院。灰白色的砖墙，朱红色的窗棂，承载着悠悠的光阴岁月。

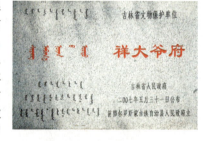

　　据前郭县志记载，清崇德元年（1636年）元太祖成吉思汗仲弟哈布图·哈萨尔十八世孙固穆因有战功，被清朝皇帝封为扎萨克辅国公，辖郭尔罗斯部二旗，诏世袭罔替。顺治五年（1648年）郭尔罗斯部以松花江、嫩江为界划分为（前后）两旗。固穆系世掌前旗，被封为郭尔罗斯的扎萨克（即旗长），公府设在哈拉毛都，也就是我们常听到的"王爷府"。如今，王爷府的回廊依旧漫转、飞檐仍旧凌空，可过往的岁月已如白驹过隙成为过眼云烟，我们只能从残存的围墙和断壁的西炮台中，遥想它昔日的典雅庄严、富丽堂皇。

　　从旗祖固穆到末代旗王，共历十三世，这里一直是世袭的扎萨克辅国公、镇国公、王爷的府邸，末代旗王齐默特色木丕勒就出生在此地。我所在的"祥大爷府"是末代旗王的近支伯父包祥令的府宅，是至今保存完好的两座侧府之一，另一座是不远处的"七大爷府"，为末代旗王的七叔包旺钦的府宅。这两个院落都是典型的北京四合院格局，均为砖瓦结构，建筑工艺也很精湛，只是在气势和规模上都无法与昔日的王爷府相比。

离开"祥大爷府",不到 10 分钟车程,有一处雄伟绮丽的自然景观——土林,民间称之为"甲北京"。千百年来的雨水冲刷,使台地的边缘被山水切割成大大小小、深深浅浅的沟壑,最长的有千余米,深约三四十米,再加上强劲的东北亚季风的剥蚀,使"甲北京"这条最为壮观的沟壑,鬼斧神工般地形成弯弯曲曲、沟沟岔岔的"深谷"和"峰峦"。这些沙石沟壑千奇百怪,有的像山、像岭、像陡峭挺拔的峻峰,高低起伏,让人好似置身于莽莽的昆仑山脚下;有的似怪兽、似猛禽、似巨蟒,让人又仿佛置身于非洲戈壁。

站在沟底,仰望四周,这大自然孕育出的千姿百态和大自然显现出的巨大的威力,让人们顿时产生一种深深的敬畏和震撼。我不禁感慨自然的造化,岁月的风霜雨雪为土林雕琢出精致的容颜,日升日落的光线为它奉上新妆。在人们的心中,它就像北京城一样雄伟壮观、美丽异常,因而人们才给它起了"甲北京"这个贴切的名字。

千百万年的地质变化,数百年的沧桑历史,造就了如今哈拉毛都独特的自然风光与历史文化遗产。哈拉毛都,百年古镇承载了悠悠的光阴岁月,这是一个来了就不想走的地方。

TIPS

初夏时节,梨花盛开,哈拉毛都的梨花山便会化身花海,吸引无数游人前来赏花。除此之外,哈拉毛都还有黑马敖包遗迹、古杏树群、古榆树、古凤泉等,都是不容错过的景点。

藏在街头巷尾的
袅袅烟火气

    一座城市的烟火气都藏在街头巷尾,逛逛热热闹闹的早市和晚市,在喧嚣的烧烤一条街吃上几个烤串,总会让人感到莫名的心安和满足。

    松原的早市,不论是室内的,还是室外的,货品都不像超市中的那样,被整齐地码放在货架上,而是带着淳朴的模样。小葱须上沾着泥土的芳香,香菜还没来得及被扎成一捆,通红的辣椒和碧绿的黄瓜被堆在一起,生鸡活鸭和新鲜鱼类活蹦乱跳,散发香味的各色小吃见缝插针,散落在菜市场四处。若是你在同一个摊主那里买过几回菜,就算是熟人了,和他家长里短地聊上几句,再逗个闷子、贫个嘴,这便是最真实的一种人情体验,是吵吵闹闹的欢愉。

    与早市的清新朝气不同,晚市是热烈自在的。对于忙碌了一天的打工人来说,这里不仅是满足口腹之欲的美食天堂，更是缓解疲劳、找回元气的好去处。

三五好友聚在一起，点上几串烤鱼、烤肉，再来些生蚝、扇贝、鱿鱼、小龙虾，还可以点盘摊主精心烹制的毛豆、花生，荤素搭配，好不惬意。再就着袅袅炊烟、点点灯火，或闲话生活，或吹吹牛皮，于推杯换盏间扫去一天的疲惫烦闷，人间欢乐不过如此。

不想去晚市，那就去撸个串。无论你是做什么工作的，拥有怎样的社会地位，只要来到江宁里烧烤一条街，走进一家烧烤店坐下，点上一大盘烧烤，喝点小酒，就都能打开话匣子，畅所欲言。在撸串、喝酒之际，记得点上一盘拍黄瓜、一盘花生米、一碗疙瘩汤，这是无论身处何处，东北人都会记得的烧烤滋味。

无论是早市、晚市，还是烧烤一条街，它们都会把生活的百般模样呈现给你，构成每个人记忆深处挥之不去的味道。人间烟火气，最抚凡人心。

编辑手记

冬捕，是查干湖的灵魂，也是查干湖最为人熟知的名片。

当寒风吹起，雪花纷飞，湖面被冰封之时，查干湖便迎来了它一年中最热闹、最辉煌的时刻。渔工们身着厚重的衣服，将渔网缓缓拉上来，无数的鱼儿在网中跳跃，银光闪闪，这是查干湖给予人们的最丰厚的馈赠。冬捕不仅是一场渔猎的盛宴，更是一次文化的传承，可以让来自五湖四海的人共同见证这一古老鲜活的文化遗产。

然而，查干湖的魅力远不止于此。

春日的查干湖，是生机勃勃的捺钵之地。冰雪消融，大地回春，湖中的鱼儿跃出水面，迎接春日的第一缕阳光，它们的身影在波光粼粼的湖面上划出一道道优美的弧线，这是一年最美好的开始。

夏日的查干湖，是荷花绽放的赏荷天堂。荷叶田田，荷花亭亭，它们在碧波中摇曳生姿，散发出淡淡的清香。湖面上，蜻蜓点水，蝴蝶翩跹，与荷花相映成趣。

秋日的查干湖，是候鸟栖息的观鸟胜地。湖面上，成群的候鸟在此休憩，它们或在水面上嬉戏，或在空中翱翔，构成了一幅动人的秋日画卷。

在四季的轮回中，查干湖静静地诉说着岁月的故事。无论是春捺钵、夏赏荷、秋观鸟，还是冬渔猎，查干湖都有它独特的魅力。查干湖畔，我们在等你来，共赴这场四季的盛宴。

图书在版编目（CIP）数据

查干明珠　淖尔清清/《查干明珠　淖尔清清》编
创组编. -- 长春 : 吉林美术出版社, 2024. 12.
ISBN 978-7-5575-9140-3

Ⅰ. K928.43

中国国家版本馆CIP数据核字第2024ER9929号

查干明珠 淖尔清清

CHA GAN MINGZHU NAO'ER QING QING

编　　者	《查干明珠　淖尔清清》编创组
责任编辑	刘　璐　惠小玲
装帧设计	韩冬鹏
开　　本	889mm×1194mm　1/40
字　　数	150千字
印　　张	4.5
版　　次	2024年12月第1版
印　　次	2024年12月第1次印刷

出版发行	吉林美术出版社
地　　址	长春市净月开发区福祉大路5788号
	邮编：130118
电　　话	0431-81629564
网　　址	www.jlmspress.com
印　　刷	吉林省吉广国际广告股份有限公司

ISBN 978-7-5575-9140-3　　　　　　　定价：68.00元

160

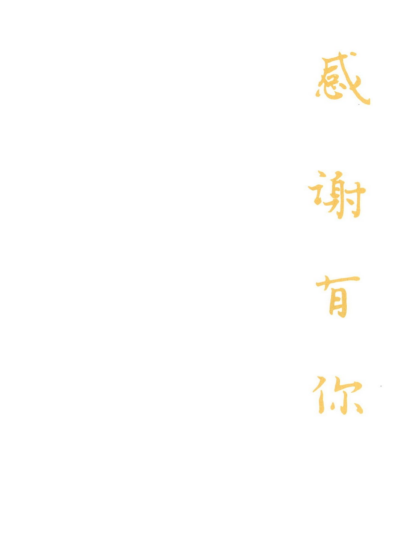
感谢有你